amazonが
成長し続けるための
「破壊的思考」

星健一
Kenichi Hoshi

アマゾンの驚くべき成長は「破壊的思考」がもたらした
――新書版出版にあたって

２０１９年11月に本書の前身である『ａｍａｚｏｎの絶対思考』を出版して2年半が経過したが、このたび２０２２年4月に新書版を出版することにより、さらに数多くの読者の方に読んでいただけることになりうれしく思う。

その間、いろいろな変化があった。まずは、自身のコンサルティング会社kenhoshi & Companyを設立し、本書にあるようなアマゾンでの経験、経営エッセンスをセミナー、執筆、コンサルティングを通して提供することによって企業の変革に貢献できていることである。また、食品系Ｅコマース企業のＣＯＯ（最高執行責任者）への就任、その他、ＡＩ（人工知能）、医療系サービス、仮想通貨などの複数の上場会社を含むベンチャー系企業の社外取締役や顧問に就任したことも大きな変化であった。

社会的には２０２０年2月ごろからの新型コロナ感染拡大により、現在まで約2年間、制限がある中での生活、仕事を強いられている。そして、オンラインでのリモート勤務が可能になった業務、会社が増え、多くの人の働き方が変わった。私もその一人で２０２０年末には静岡県に移住し、現在でも出社することなくほとんど自宅にて仕事をしている。通勤の時間、ストレスからも解放された働き方により集中力が高まり仕事の品質、生産性は向上したと自己分析している。

さて、そのコロナ禍、大きく売上を伸ばしたのがアマゾンだ。コロナ前の２０１９年度のグローバルの売上は28兆円であったが、２０２１年は47兆円となり、なんと２年間で＋19兆円も伸ばしたのだ。国別では、コロナ禍初年度の２０２０年度は米国の売上が対前年比＋38％、日本では＋25％と大きく伸びた。前年の２０１９年度はそれぞれ＋21％、＋14％の伸びにとどまっていたので高い伸びであったことがわかる。日々の買い物や外食が制限されている中、人々の生活を支え売上を拡大させただけでなく、その間も数々のイノベーションで顧客への新たなサービスを展開してきた結果でもある。

アマゾンのビジネスモデル、経営手法、企業文化などは不変なので、２年半経ったあとも本書の内容は全く陳腐化していないが、今回の出版にあたって、データは直近のものに修正し、新しい情報も追加するように努めた。前回の出版で使用した当時の最新である２０１８年度の売上は23兆円だったが、今回の最新である２０２１年度は前述の通り２倍の

47兆円（比較のため1ドル＝100円とした場合）。わずか3年で恐ろしい伸びである。

売上以外の一番の大きな変化点は、創業者であるジェフ・ベゾスが創業から27年経った2021年7月5日のアマゾン創業記念日にCEO（最高経営責任者）を退任したことだ。AWS（クラウドコンピューティング部門）のCEOであったアンディー・ジェシーにその座を引き継いだのだ。その際に、世界中の従業員に宛てたメッセージでは、引き続きアマゾンの重要な新規事業に従事しながら、Day 1 Fund（慈善基金）、ベゾス地球基金、ブルーオリジン（航空宇宙事業）、ワシントン・ポスト（新聞事業）、その他の情熱に時間とエネルギーを費やしたいと。そして、最後にこう締めくくった。

“Keep inventing, and don't despair when at first the idea looks crazy. Remember to wander. Let curiosity be your compass. It remains Day 1.”

「発明をし続け、最初はアイデアが変に見えても落胆する必要はありません。さまようことを忘れないでください。好奇心を羅針盤にしてください。まだ『Day 1（第一日目）』なのですから」

2021年5月には、米国大手映画会社の「MGM（メトロ・ゴールドウィン・メイヤー）」を84・5億ドル（約9200億円）で買収することを発表した。有料会員であるアマゾンプライム向けの配信サービスであるプライムビデオ（動画配信事業）を強化しNe ｔｆｌｉｘなどに攻勢をかけるのであろう。規模は２０１７年に米国の大手スーパーマーケット「ホールフーズ」を１３７億ドル（約１・５兆円）で買収した時に次ぐ2番目の大きさである。直後の２０２１年６月には、ＩＴ大手に対する規制推進派として知られるリナ・カーン氏がＦＴＣ（連邦取引委員会）の委員長に就任したことに対し、同年7月にアマゾンは同社に対する反トラスト法（独占禁止法）調査から先入観を持っているカーン氏では公平な調査が行われないとの理由で外すように求める嘆願書を提出した。アマゾンなどをめぐる規制の包囲網に敏感になっており、その先行きは不透明である。

また、無人店舗である「Amazon GO」で導入してきたキャッシャーレスのテクノロジーである「Just Walk Out」を「ホールフーズ」店舗を皮切りに他社にもライセンス提供するとのことだ。２０２２年1月には、「Amazon Style」という衣料品の実店舗をオープンすると発表する一方、その2カ月後には米国と英国で展開している実店舗書店「Amazon Books」68カ所を全て閉鎖すると発表した。相変わらず撤退の決断が早い。

２０２０年に試験運用が開始された企業社員向けのオンライン診療などを提供する「Amazon Care」は対面診療を加え本格運用を開始し、さらに「Amazon Pharmacy」では処方薬のネット販売も始めている。

さらに驚きなのは、「プロジェクトカイパー」と呼ばれるもので、２０２２年に2機の衛星プロトタイプ打ち上げ、２０２９年までに３２３６機の衛星を地球低軌道に配備することを目指す衛星インターネット事業である。これにより、世界中の農村部や僻地《へきち》などのインターネット未接続地域を含めグローバルなブロードバンドアクセスを提供することができるとしている。

今や、Ｅコマース、物流サービス、電子書籍、クラウドコンピューティング、ＡＩ音声認識サービス、ゲーム開発、スーパーマーケット、キャッシャーレステクノロジー、音楽&動画配信、医療サービスなどを展開しており、何が本業かわからなくなってきている。だが、創業事業であるＥコマースでは、中近東（エジプト、アラブ首長国連邦、サウジアラビア）への進出を果たしている。今後はアフリカでの展開が期待されるところである。

最後に伝えたい変化点も興味深い。それは、アマゾンの企業文化が色濃く反映されている行動規範である「リーダーシップ・プリンシプル」についてだ。２０１５年に「Learn & Be Curious（常に学び、好奇心をもつこと）」が追加されて合計14項目となっていたが、ジェフ・ベゾスのＣＥＯ退任の数日前に新たな2項目が追加されたのだ。それは「Strive to be Earth's Best Employer（地球上で最高の雇用主になる努力）」と「Success and Scale Bring Broad Responsibility（成功と規模には幅広い責任を負う）」である。今までの14項目とは毛色の違う、アマゾンの現在の難しい社会的立場を表したものである。

どうだろう。2019年からの変化点をいくつか抜粋しただけでもこれだけある。たった2年で起こったことで、それらは「破壊的思考」によってもたらされた新規ビジネスである。前例にとらわれず、競合他社に目を向けるのではなく、顧客視点での未来のあるべき姿を起点に「破壊的思考」によって考え出された新たな価値を提案し続けている。詳細は第6章のアマゾンがこだわる「破壊的思考」で説明するが、私がアマゾンにいた2018年までの間でも、社内ではDisruptive Ideaと呼ばれる「破壊的思考」がことあるごとに戦略立案やイニシアティブと呼ばれる新規事業提案の際の前提となっていたし、事業戦略提案書の中にもDisruptive Ideaというパートがテンプレートとしてあったので必ず記載することが求められていた。

このコロナ禍での難しい労働環境の中でもいち早く、柔軟にリモート勤務などの新しい働き方を率先し推進し、その中で社員が「破壊的思考」をベースに新規事業推進も加速化させたことがアマゾンのすごいところである。

これらの考察が、本書のタイトルを『amazonが成長し続けるための「破壊的思考」』と命名することになった所以である。これからも、アマゾンは発明、革新、創造を続け成長していくことであろう。

プロローグ

あなたは、アマゾンという企業をどのくらいご存知だろう。

2000年11月1日、日本国内でサービスを開始した当時の報道で、アマゾンは「世界最大のオンライン書店」と紹介されていた。実際、当時のアマゾンでは本しか買えなかったわけだが、瞬《また》く間に利便性を高めながら何でも買える通販サイトへと変貌し、サービスの幅を広げてきた。

今では、グーグル、アップル、フェイスブックと並びGAFA（ガーファ＝それぞれの頭文字を取って）――「世界を動かす」4大IT企業の一角を占めている。

2022年1月末の株価×発行済株式数で算出した時価総額ランキングでは、アップル、マイクロソフト、サウジアラムコ（石油）、アルファベットに続き、世界第5位で1兆6352億ドル（100円の為替レートで、約164兆円）となっている。

今、世の中にはアマゾンが急成長を果たし巨大企業となった経緯を論じ、創業経営者であるジェフ・ベゾスの経営手法や発想に学べといった教えが溢れている。でも、誰もがジェフ・ベゾスになれるはずはない。偉人伝として楽しむならともかく、ジェフ・ベゾスの生き様や仕事ぶりを自らのヒントにして実践するのは難しい。

私自身、ジェフ・ベゾス氏を尊敬しているが、アマゾンで働いている時にはすでにカリスマ的な存在となっており「ジェフ・ベゾスに学ぶ」という意識はなかった。実際、私自身はジェフ・ベゾスに会議や会食などで会ったのはわずか10回もなく、特に新しい社員の中では偶像化されている。

学ぶべきなのは、ジェフ・ベゾスの理念をスタートとして、アマゾン、そしてアマゾニアンと呼ばれる社員が、その理念を具現化し貫いてきたビジネスを進める上で「普通」となっている「基準」なのである。

その「基準」は革新的なビジネスを生み出す思考方法であったり、新たなビジネスを構築しスケールさせる（規模を拡大させる）メカニズムをつくる方法であったり、それを可能にする社内文化の醸成などである。

私がアマゾンジャパンに入社したのは２００８年のこと。当時、日本国内の社員数はわずか数百人ほど、年間売上２０００億円程度[1]であったのが、退職する２０１８年までのわずか10年ほどの間で、社員数は７０００人[2]、売上は１兆５０００億円[3]を超える規模にまで成長した。

さて、私はアマゾンジャパンに入社する以前、1989年にアパレル機器、産業装置のメーカーであるJUKI株式会社に入社し、1990年から2005年までの15年間、5カ国（旧ソ連、インド、シンガポール、フランス、ルーマニア）を転々とした。フランス、ルーマニアでは取締役社長として会社経営とともに、販売会社のトップとしてクライアント（アパレル、皮革製品、車の座席シートなどの工場）と販売契約を締結するためにトップ営業も行っていた。

幸いにも工業用ミシンの分野で世界トップのシェアを誇りブランドバリューも確立されており、クライアントからの引き合いに対し、自社製品のコストをベースに利益を見ながら価格交渉をし、売上を上げていくことができた。今、考えると非常に属人的な経営で詳細なる戦略立案をベースに組織構築をし、効率的な販売方法を確立するなどは全くできていなかった。一方、新規市場開拓や会社や事業経営に必要な多岐にわたる知識、経験を得ることができた。

2005年から2008年までは、金型標準部品、FA（ファクトリーオートメーション）部品などの商社である株式会社ミスミのタイの現地法人の取締役社長として勤務した。この会社では、徹底的に現状分析、戦略立案、アクションプラン、実行、検証のプロセスを繰り返し、そして、週次でＫＰＩ（Key Performance Indexer）と呼ばれる主要業績評価指標をトラッキング（継続的に追跡して分析）することで、データの重要性を叩き込まれた。この3年の経験がＢ２Ｂ（Business to Business＝企業間販売、取引）からサイクルの速いＢ２Ｃ（Business to Consumer＝企業から一般消費者への販売、取引）の業界に転身し、アマゾンに入社しても高いパフォーマンスを上げることができた基礎になったと思っている。

アマゾンにはホーム＆キッチン事業部のシニアマネージャー、事業部長として２００８年6月に入社し、その後、スポーツ、ＤＩＹ工具、オートモーティブ（二輪、四輪）事業を新たに加えた複数事業を管掌し、入社後1年半でディレクターに昇進。

そして、リーダーシップチームメンバー（一般的な企業では役員、経営会議メンバーの位置付け）として、家電など14事業部からなるハードライン事業本部、マーケットプレイスビジネスを牽引するセラーサービス事業本部、Ｂ２Ｂ企業向け販売であるアマゾンビジネス事業本部の事業本部長という主要事業を統括する立場で急成長するビジネスの現場をリードした。

いくつもの問題が立ちはだかる中でも、それらを克服し、高い成長率を維持しながら事業を拡大してきたところを経営の立場からこの目で見てきたのである。

アマゾンジャパン成長の過程は3期に分けられる。

第1期は創業時の2000年から2005年頃。まだまだ混沌とした中でベンチャー、スタートアップのようなカルチャーのもと、仕組みを作りながらも属人的なところも残っていたと思われる時代。

第2期は、2005年から2015年頃まで。自動化が進み、商品カテゴリーをどんどん拡大（社内では既存事業から有力事業を独立させることを〝スプリット〟と呼んでいた）。毎年の事業プランは対前年比数倍にする計画を立て、それを達成していった。社員数は、数百人から数千人規模に一気に拡大し、大企業病にならないように意識しながら組織マネージメントを行うとともに、アマゾンのカルチャーを醸成していった。

直近、第3期となる2015年以降は、新規事業などにより組織はさらに拡大し多くの大規模な縦組織ができた。それと共に各リーダーへの権限委譲が進んだ。一度醸成した独特で強烈なアマゾンの組織文化は微調整されながらもますます強さを増し、さらなるビジネス拡大の牽引力となっている。

本書は、アマゾン外部の著者が公開されている数字や情報をベースに、客観的にアマゾンの強みなどを分析して解説するものとは違う。

その第2期、第3期における10年間で主要事業をトップとして率いてきた私が、アマゾンジャパンの中で学び、実践してきたリーダーシップスタイル、具体的なビジネス手法、仕事を進め事業を拡大し同時に顧客満足度を高めていくための大切なツール、そして事例について主観的な立場から幅広く、丁寧に解き明かすものである。

アマゾンジャパンに入った私が強烈に意識して、自らの働き方を進化させざるを得なかったポイントは、アマゾンの「普通の基準」がそれまで働いていた日本企業や海外現地法人での経験から身につけていた「基準」と異なることだった。

ことさらエリートというわけではない私が短期間で経営会議メンバーにまで駆け上がり、手掛けた事業を成功に導くことができたのは、入社してすぐ、このアマゾンの「基準」を自らに叩き込むことを徹底し、自身の元々のリーダーシップスタイル、思考方法を柔軟に変化させてきたからだ。

正直、時にはもともとの自分のスタイルを否定され腹立たしく感じることもあったが、今となってはそのような機会を与えてくれたアマゾンに感謝するばかりである。

本書を読み進めていくと、「当たり前のことばかり書いてある」と感じる方もいるだろう。しかし、その当たり前のことこそが、実際にアマゾンが実践していることである。今の日本で、当たり前のことをやっている会社がどれだけあるだろうか。

アマゾンでは当たり前、「普通」のことをどのように実践しているか、私なりに思い返し分析してみた。全てアマゾンが正しいというわけではない。読み進めながら、一つの比較対象として、「これはいい。明日からでも少しずつやってみよう」、「これはうちには合わないな」など、自分なりに考えを深めていただければと思う。

第1章から第4章までは、アマゾンの事業やビジネスモデルの説明を通して、アマゾンの「基準」がどのように活かされているかを解説している。第5章から第7章までは、そのビジネスを支えるためにどのような仕組み、制度、企業文化があるのか、実践的なＨｏｗｔｏを解説している。どうぞ、このような意図を理解して読み進めていただきたい。

ＧＡＦＡをはじめ、プラットフォームを強みとする巨大企業が覇権を広げていく世界の中で、激変する経営環境に翻弄される中小企業経営者、そして、この先20年、30年の長きにわたって世界のそのような会社と戦い続け、それらを圧倒しなければならない、もしくはパートナーとして協業、利用していく30～40歳代の中間管理職、日本を支え続けていく運命を背負った若きビジネスマンの方々に、本書を役立てていただきたい。

２０２２年４月

星　健一

目次

目次

目次

第1章　「アマゾン」を数値で徹底分析

「地球上で最も豊富な品揃え」を目指す

アマゾンから学ぶべきことを解き明かしていく前に、アマゾンがどんな会社なのか、まずはその規模や成長の軌跡について確認しておこう。

アマゾンの創業は1995年、米国ワシントン州シアトルである。1994年7月5日、ジェフ・ベゾスは「Cadabra, Inc.」という名の会社をワシントン州の法人として登記した数カ月後、社名を「Amazon.com, Inc.」に変更した。変更するにあたって、辞書を引いて言葉を探したのだが「アマゾン」にしたのは、検索での優位性を考慮しアルファベット順に並べられた場合に最初に現れる、「A」から始まる名称が好ましいということを考えた。さらに、アマゾン川は世界最大の河川であり、ベゾスが目指すオンラインストアも同様に世界最大の品揃えを持つストアにすることだったことが背景にある。

現在では世界21カ国（米国、アラブ首長国連邦、イギリス、イタリア、インド、エジプト、オーストラリア、オランダ、カナダ、サウジアラビア、シンガポール、スウェーデン、スペイン、ドイツ、トルコ、ブラジル、フランス、ポーランド、メキシコ、中国、日本[4]で事業を展開しており、プライム会員2億人以上[5]、社員数は１３０万人（２０２０年12月現在）[6]だ。

業績は今も急成長を続けている。ここでは、私がアマゾンに入社した翌年に当たる２００９年から２０２１年までの13年間の売上推移を示しておこう。各年のＡｍａｚｏｎ．ｃｏｍの決算報告書から重要な数字を抽出し、表とグラフにしてみた。なお、表の空欄はＡｍａｚｏｎ．ｃｏｍの決算資料では公開されていないものである。

２００９年度の売上高は、２４５億ドル、わかりやすく1ドル＝１００円の為替レートで日本円に換算して約2兆４５００億円だった。すでにかなりの規模のビジネスを展開していたといえるが、２０２１年度の売上高はそのおよそ19倍、約46兆９８２２億円に達している。

入社してしばらくすると、売上１００ビリオンダラーカンパニー（約10兆円企業）を目指そうと事あるごとにミーティングで言われていたが、その時は夢のような話だった。しかし、実際には数年後の２０１５年にはそれを達成している。そして、そのわずか3年後の２０１８年度にはさらに倍の売上で20兆円企業となり、またその2年後の２０２０年度には40兆円となった。恐ろしい成長スピードである。

通常、会社の事業は売上金額が大きくなるほどに成長率は低くなる傾向がある。同じ対前年比＋１００％の成長率でも１０００万円の売上を２０００万円にするよりも、10億円を20億円にするのが難しいのは当然だ。

Ｅコマースビジネス（Electronic Commerce＝電子商取引のことで、インターネットを介して売買、決済などを行う取引形態）のポテンシャルの大きさを示す成長率ともいえるが、競争相手ひしめく中で、なぜアマゾンはこれほどの成長率を維持することができているのだろうか。

売上には、アマゾン自身が直接、商品を仕入れて販売する小売のほか、マーケットプレイスに出品する販売事業者による販売額である流通総額（販売事業者の売上額でアマゾンの売上ではない）のうち販売手数料（amazon.co.jpの場合、現在８～15％[7]）、「Ａｍａｚｏｎ Ｐｒｉｍｅ（アマゾンプライム）」会費などのサブスクリプション（月や年単位など定期的にサービスなどの対価を支払う定額サービス）、広告などが含まれる。

また、世界１９０カ国以上で提供しているクラウドコンピューティングサービス（インターネットなどを経由して提供されるサーバーやソフトウェアなどを利用できるサービス）である「ＡＷＳ（アマゾンウェブサービス）」が別項目として計上されている。

グローバル、セグメントごとの売上額、成長率、経費率&利益率

	2009	2010	2011	2012	2013	2014	2015	2016	2017	2018	2019	2020	2021
売上高（百万ドル）													
合計	24,509	34,204	48,077	61,093	74,452	88,988	107,006	135,987	177,866	232,887	280,522	386,064	469,822
米国	12,828	18,707	26,705	34,813	41,410	50,834	63,708	79,785	106,110	141,366	170,773	236,282	279,833
海外	11,681	15,497	21,372	26,280	29,934	33,510	35,418	43,983	54,297	65,866	74,723	104,412	127,787
AWS					3,108	4,644	7,880	12,129	17,459	25,655	35,026	45,370	62,202
対前年成長率													
合計		39.6%	40.6%	27.1%	21.9%	19.5%	20.2%	27.1%	30.8%	30.9%	20.5%	37.6%	21.7%
米国		45.8%	42.8%	30.4%	18.9%	22.8%	25.3%	25.2%	33.0%	33.2%	20.8%	38.4%	18.4%
海外		32.7%	37.9%	23.0%	13.9%	11.9%	5.7%	24.2%	23.4%	21.3%	13.4%	39.7%	22.4%
AWS						49.4%	69.7%	53.9%	43.9%	46.9%	36.5%	29.5%	37.1%
マーケットプレイス他事業者 流通総額比率	31.0%	34.0%	38.0%	42.0%	46.0%	49.0%	51.0%	54.0%	56.0%	58.0%			
営業経費率													
仕入れ	77.4%	77.7%	77.6%	75.2%	72.8%	70.5%	72.6%	64.9%	62.9%	59.8%	59.0%	60.4%	58.0%
物流費	8.1%	8.2%	9.2%	10.2%	11.1%	12.1%	12.5%	13.0%	14.2%	14.6%	14.3%	15.2%	16.0%
マーケティング	2.7%	2.9%	3.3%	3.8%	4.1%	4.9%	4.9%	5.3%	5.7%	5.9%	6.7%	5.7%	11.9%
テクノロジー & コンテンツ	4.3%	4.4%	5.4%	6.8%	8.0%	10.4%	11.7%	11.8%	12.7%	12.9%	12.8%	11.1%	11.9%
総務費	1.1%	1.1%	1.2%	1.3%	1.3%	1.7%	1.6%	1.8%	2.1%	1.9%	1.9%	1.7%	1.9%
その他	0.4%	0.3%	0.3%	0.3%	0.2%	0.1%	0.2%	0.1%	0.1%	0.1%	0.1%	0.0%	0.0%
営業利益率													
合計	4.6%	4.1%	1.8%	1.1%	1.0%	0.2%	2.1%	3.1%	2.3%	5.3%	5.2%	5.9%	5.3%
米国	5.5%	5.1%	3.5%	4.6%	2.8%	0.7%	2.2%	3.0%	2.7%	5.1%	4.1%	3.7%	2.6%
海外	7.4%	6.3%	3.0%	0.3%	0.5%	-1.9%	-2.0%	-2.9%	-5.6%	-3.3%	-2.3%	0.7%	-0.7%
AWS					21.7%	9.9%	19.1%	25.6%	24.8%	28.4%	26.3%	29.8%	29.8%

グローバル売上比率、事業セグメント売上比率

	2009	2010	2011	2012	2013	2014	2015	2016	2017	2018	2019	2020	2021
地域別 売上割合													
米国					59.0%	61.5%	65.9%	66.4%	67.7%	68.8%	69.0%	68.3%	66.8%
ドイツ					14.2%	13.4%	11.0%	10.4%	9.5%	8.5%	7.9%	7.7%	7.9%
UK					9.8%	9.4%	8.4%	7.0%	6.4%	6.2%	6.2%	6.9%	6.8%
日本					10.3%	8.9%	7.7%	7.9%	6.7%	5.9%	5.7%	5.3%	4.9%
その他					6.8%	6.9%	6.9%	8.2%	9.6%	10.5%	11.1%	11.9%	13.5%
売上額 セグメント割合													
オンラインストア						77.0%	71.8%	67.2%	60.9%	52.8%	50.4%	51.1%	47.3%
実店舗						0.0%	0.0%	0.0%	3.3%	7.4%	6.1%	4.2%	3.6%
マーケットプレイス他事業者						13.2%	15.0%	16.9%	17.9%	18.4%	19.2%	20.8%	22.0%
サブスクリプションサービス						3.1%	4.2%	4.7%	5.5%	6.1%	6.8%	6.5%	6.8%
AWS						5.2%	7.4%	9.0%	9.8%	11.0%	12.5%	11.8%	13.2%
その他						1.5%	1.6%	2.2%	2.6%	4.3%	0.5%	0.4%	0.5%

米国単独で約28兆円にして対前年比＋18％

まず注目しておくべきなのは、2021年のグローバルの売上のうち、米国での売上が今でもおよそ67％を占めている点だ。さらに、米国単独で約28兆円という規模になっているにも関わらず、コロナ禍でEコマースへの需要増となったとはいえ、対前年比で＋18％も伸びている。2020年度はなんと＋38％の伸びだ。

その理由は、アマゾンの新たなサービス、そのノウハウがまずは本国である米国から提供され顧客の利便性を高め、Eコマースサービスが未《いま》だに進化を続けていることにある。

アマゾンでは次々と新しいサービスを繰り出して完成度を高め、ユーザーエクスペリエンス（顧客の経験）の向上を続けている。たとえば、米国での配送スピードはフルフィルメントセンター（Eコマースにおける在庫、梱包、発送などを行う拠点、倉庫）の増設や配送ネットワークの整備で、それまで3～4日掛かっていたのが、現在は当日、翌日配送も可能だ。

また、以前はアマゾンで生鮮食品を購入することはできなかったが、今では買えるようになっている。日本でも「Amazon Fresh（アマゾンフレッシュ）」と呼ばれる生鮮食品などのストアでは、エリア限定ながら注文から最短2時間で届くサービスが20

地域セグメント別売上（百万ドル）および米国牽引力

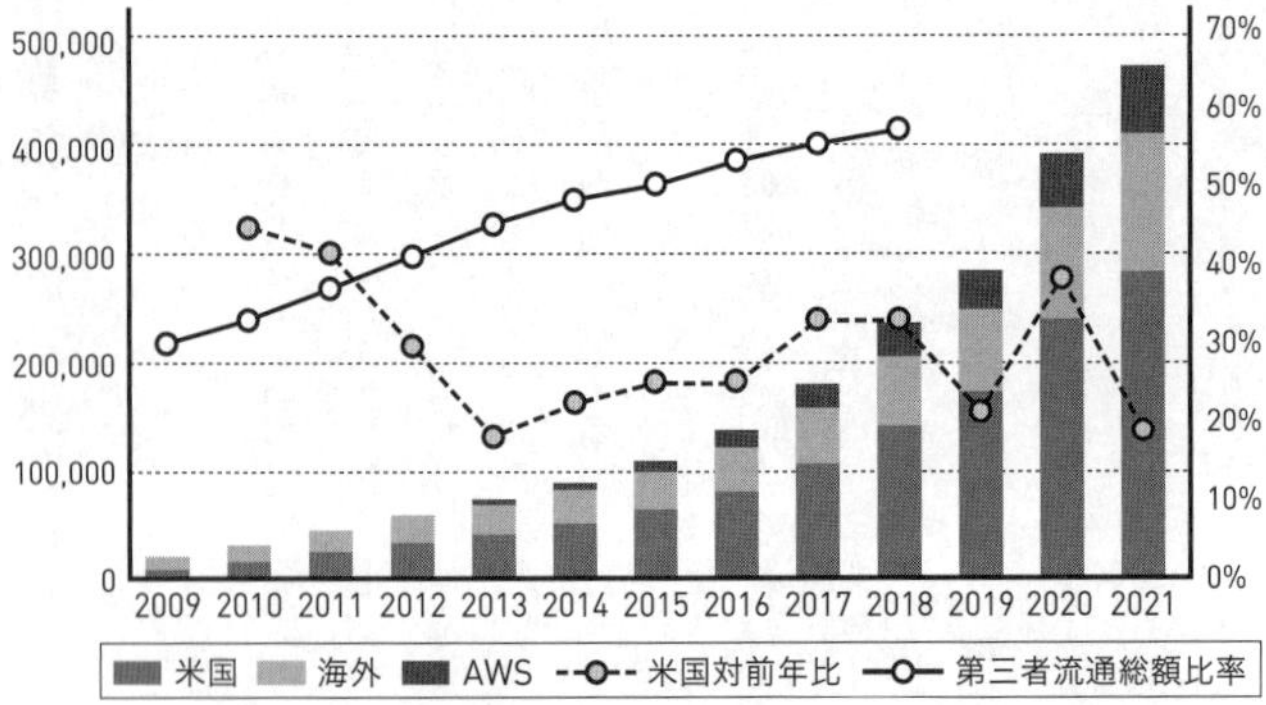

１７年４月から提供されている。

米国に行くと、本当にアマゾンが日本以上に人々の生活に定着していることを実感できる。品揃えが多く何でも買える、そして安い、さらにスマホで手軽に注文できる、迅速に商品が届くといった便利さ。それらを徹底的に磨き続けているからこそ、最先端のサービスを提供している本拠地・米国でこれほどの成長を続けることができているのだ。

本社があるシアトルは、まさに新たなサービスのテストケースとなることが多い。今や世界に展開を拡大しているその「Ａｍａｚｏｎ Ｆｒｅｓｈ」もシアトルで開始。レジ無しコンビニ店舗の「Ａｍａｚｏｎ Ｇｏ（アマゾンゴー）」も２０１６年12月からシアトルのオフィスビルの一角で社員のみに解放されテストを開始した。

「Ａｍａｚｏｎ Ｇｏ」は、店舗内に設置された多数のカメラで顧客の動き、すなわち何をいくつ商品棚からとったのか、戻したのかなどを把握し、事前登録したユーザーアカウントのクレジットカードに自動課金をするため店内にレジがない。私も出張の際に使用してみて、商品を取りそのままカバンに入れ、その場で支払いをすることなく店を出てくる利便性と、さらにアプリ上の精算書に記載されている商品と数量の正確性に驚いたものだ。そのテクノロジーは「Just Walk Out」というサービス名で他社にライセンス提供されるとのことだ。

アマゾンは「地球上で最も豊富な品揃え」を目指している。何でも買える便利さという点を追求すると、アマゾンにはまだ成長の余地がある。物販でもサイズや金額の大きい不動産といった商材も、また、保険や旅行などの無形サービスもそのうち扱うようになるだろう。アマゾンはまだまだ伸び続ける。

売上が拡大しても低利益の根本的な理由

ただし、２０２１年度の小売部門の営業利益率は北米でもわずか２・６％、海外では、インドなどの新興国への継続した投資がありマイナス０・７％の赤字である。33ページのグラフを見ると、売上が拡大していっても営業利益は同様のカーブを描いて上がることもなく低空飛行を続けている。

低利益の理由は、PL（Profit & Loss ＝財務指標の一つである損益計算書で一定期間の収益と費用の状態を表す）重視ではなく、キャッシュフロー（現金の流れを意味し、実際に得られた収益から外部への支出を差し引いた手元に残る資金の流れ）を重要視し、投資を継続しているためだとよく言われている。

確かに投資を含む物流費が2021年度は対売上の16％で2009年度と比較しても7・9ポイント増加している。Eコマースは販売店舗を持たない分、販売固定費が少なく安価で売れるので不公平だという指摘が数年前に多くあったが、実はそんなことは全くない。実店舗だとすぐに商品が手に入る顧客の利便性を考え、Eコマースでも当日や翌日の配送を可能にするロジック構築に投資、経費をかけている。

ただし、利益率が低い根本的な問題は、アマゾンの価格政策にある。27ページの表の通り、仕入れ力の改善により仕入原価率（売上に対する商品を仕入れる時の原価）は改善しているものの、未だに高いレベルだ。

通常の小売店のような客寄せとして「低利益なもの」と「利益がとれるもの」の商品ミックス販売を全く考えていない。そのため、全ての商品で最安値販売を貫くアマゾンの小

アマゾン（全世界）売上および営業利益（百万ドル）

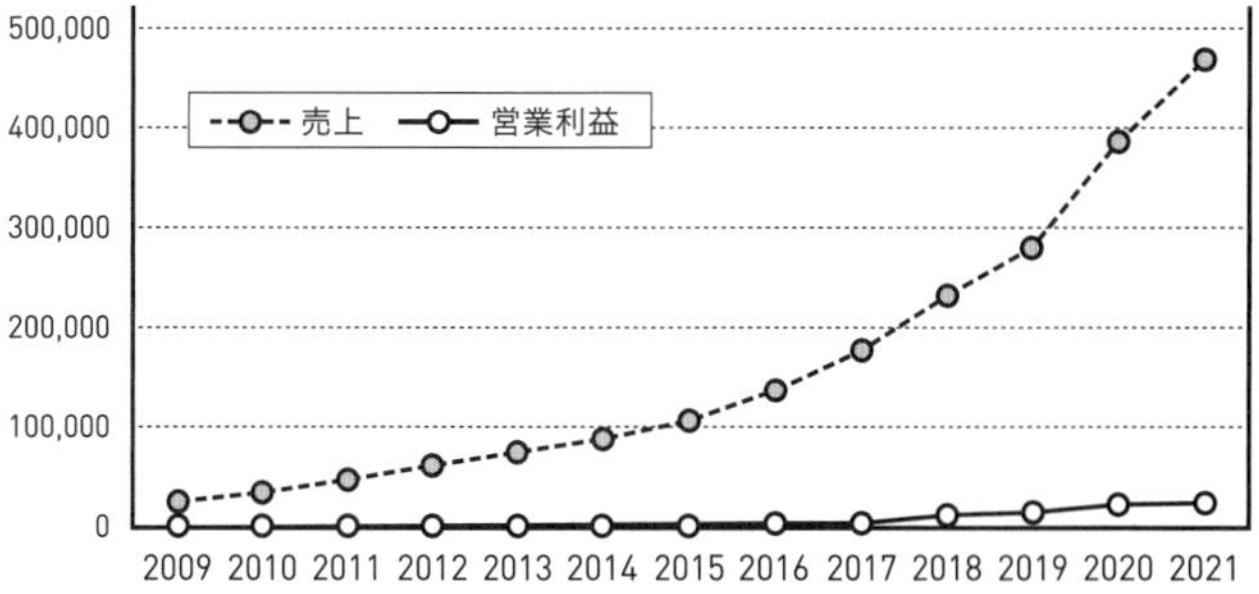

売部門は、単純に低い粗利益（売上から仕入れ原価を引いた額）から販売管理費を引くとあまり利益が出ない体質になっている。

現在、手数料収入に対する一定の収益が見込めるマーケットプレイス、および約30%という高い営業利益率を誇るＡＷＳの売上の割合が急速に増えているので、グループ全体での利益は改善の方向に向かっている。

余談ではあるが、他経費ではジェフ・ベゾスのボディーガードを含むセキュリティー費用に１８０万ドル（2億円弱）が計上されており[8]、全米で最高額である。ちなみにアップルのＣＥＯであるティム・クックは31万ドル（３０００万円強）であるから破格であることはおわかりであろう。

数年前になるが、ジェフ・ベゾスが来日した時に、赤坂の料亭で日本の役員メンバーとの会食の席が設けられたことがあったが、その際にも数名の黒づくめのスーツのボディーガードを帯同していた。さらに車も2台のダミー車を含む3台で連なってきて、本人がどの車に乗っているかわからなくしているという徹底ぶりだった。

世界中でマーケットプレイスの第三者流通総額比率が年々増加

次に注目しておきたいのがマーケットプレイスの成長だ。

マーケットプレイスは、アマゾン以外の第三者である販売事業者がアマゾンのストア内で商品が販売できるサービスで、個人から企業まで出品可能。出品者が支払う月額固定費（大口出品契約のみ）、販売手数料（注文成約時）と配送業務などの代行業務の内容に応じた代金がアマゾンの売上となる。

米国をはじめ世界中でマーケットプレイスでの第三者流通総額比率が年々増加しており、30ページのグラフの通り、２０１８年度（２０１９年度以降は公開されていない）にはアマゾンの直販を含めた流通総額全体の58％[9]になっている。

アマゾンはもともとアマゾン自身で商品の仕入れをし、在庫を持ち、販売価格を決め、直接、顧客に販売をする直販モデルから事業を始め、ときには赤字を出してまで競合他社との同一販売価格に固執し、顧客の信頼を勝ち得てきた。その低価格に加え、品揃え拡大や利便性向上の継続した訴求により顧客の信頼を得た。それが圧倒的な集客力として武器となり、マーケットプレイスで販売する事業者数を急速に伸ばし、Eコマースの巨大なプラットフォーム（情報、サービス、商品を展開する基盤、土台。たとえばグーグルは主に情報を展開するサービス）となったのである。

2021年のマーケットプレイスに出品する販売事業者数はグローバルで950万以上。販売事業者の多くは中小企業だが、アマゾンで販売することで、その販売事業者の地場の商圏内のみならず日本全国の顧客にアクセスができる。さらに海外のアマゾンのストアにも簡単に出品ができて、商圏を一挙に世界規模に拡大し、飛躍的にビジネスを拡大することも可能になる。

「ユーザーエクスペリエンス」の質と利便性の向上

マーケットプレイスは、アマゾンがそもそも自社で直販するために構築したEコマースの仕組みを、効率的、スピーディーな品揃えの拡大を目的として、第三者である販売事業者向けに提供しているサービスだ。

徹底的にカスタマーエクスペリエンス（顧客の経験）の質と利便性の向上を追求して構

築したサービスをベースに他のビジネスを展開、拡張していく。この手法はアマゾンが展開する他の事業にも共通している。

たとえば、ＡＷＳを始めたきっかけは、米国のサンクスギビングデー（感謝祭）やクリスマスなどわずか年間数回のアクセス集中時のために抱えていたサーバーの余裕スペースを、何か他に活用できないかという発想だった。

また、「Ａｍａｚｏｎ Ｐａｙ（アマゾンペイ）」は、アマゾンの顧客がすでにアマゾンで登録をしている名前、住所、配送先リスト、クレジットカード番号などを利用するものだ。他社サイトでショッピングをする際に入力が必要な同様の情報を入力する必要がなく、アマゾンでのログイン名、パスワードをそのサイトで入力すれば、すぐにショッピングができる顧客利便性の高いサービスである。

電子書籍の「Ｋｉｎｄｌｅ（キンドル）」や、音楽や映画といったデジタルコンテンツ配信、そしてアマゾンプライムというサブスクリプションサービスなど、現在のアマゾンが提供し、各ジャンルでスタンダードとなっているサービスも、同じように徹底的に磨き上げたサービスの上に新しいサービスを積み上げて発展してきた。そして、今後も発展を続けていくのである。

なぜ、「プラットフォーム」という言葉を使わないのか

アマゾンを含めたGAFAは巨大なプラットフォームを構築することによって、文字通りそれぞれの分野での土台、基準となり、顧客、パートナーに利便性を提供する。同時に、それらがスタンダードとなり圧倒的なポジショニングを確立し成功している。

だからこそ、それらの企業は各国で米国などのAntitrust Law（反トラスト法と呼ばれる競争法）や日本などの独占禁止法を管理する行政から常に注目されてしまう。

アマゾン内部では「プラットフォーム」という言葉は使用しない。プラットフォームという言葉には、市場をコントロールし独占し得ることを示唆するイメージがあり、アマゾンはそれを目的にはしていないというポジションを明確にしているからだ。

同様に「マーケット」や「マーケットシェア」という言葉も使用しない。これは、アマゾンはリテール（小売）マーケットの中でビジネスを展開しているのではなく、あくまでもEコマースという限られた「セグメント」（顧客層＝ある市場における特定の基準をもとに分割した一つ一つの層）で事業を展開していることを、正しく社内外ともに認識させておかなければいけないという意図がある。

ビジネスプランなどの社内文書では常に「マーケットセグメント」「マーケットセグメ

ントシェア」という用語を使うことが求められる。

2020年度の米国でのEコマースにおけるアマゾンのマーケットセグメントシェアは39％で、2位である「ウォルマート」の5・3％に大きな差を付けている。[10] しかしながら、小売マーケット全体でのシェアはわずか数％程度に過ぎない。

この数字からもいかにアメリカの小売マーケットが巨大であるかがわかる。アマゾンがEコマースではマーケットセグメントリーダーになりながらも、さらに小売マーケットのEコマース化が進めば、まだまだ成長の余地があり、そして、アマゾンがさらなる成長を目指すことができることがわかる。

最大の投資はポジティブ志向の物流費

アマゾンの決算資料を検証すると、前述の通り成長に伴って物流費が増えている。2021年度の対売上比率は実に16％に達している。アマゾンでは膨大な数の商品を受注に応じてより広いエリアで迅速に配送するため、「フルフィルメントセンター」と呼ぶ独自の配送拠点を各国に整備、増設を続けている。

現在、世界で185カ所、うち米国110、日本18となっている。[11] 加えて、継続したフルフィルメントセンターの増設、テクノロジーへの投資、欧州における倉庫従業員のスト対策、米国などでの人員確保などを目的とした最低賃金の引き上げ、さらには「3PL（サード・パーティ・ロジスティクス）」と呼ばれる外部物流会社のコスト増などが、物流費増大の要因だ。

日本においては、従業員の労務環境の社内問題から、配送料の値上げと請負数削減を断行したヤマト運輸のニュース[12]がかつて大きく報道された。ただ、これが一つのきっかけとなってアマゾンは日本国内においても自社物流網の構築を加速化することになったのは想定外であったことであろう。

ただし、物流費が増えるのは上記のコスト増のみによるものではなく、アマゾンにとって必ずしもネガティブなことではない、すなわち投資を続け、顧客の利便性向上を追求している結果でもある。

迅速で高品質な配送、さらにはロングテール（詳細は第2章で述べるが、販売機会の少ない商品でも幅広く取り揃えることで、顧客の需要を満たし、顧客層数を増やすことを目的とした販売手法）を具現した圧倒的な品揃えを支えるアマゾンの骨幹となっているのが、ロジスティクス（商品の受注から配達までの効果的な物流を計画、実行、管理すること）、物流ネットワークであるからだ。

創業以来、フルフィルメントセンター増設だけではなく、継続した改善活動、ロボット導入などの自動倉庫システムの推進、棚の充填《じゅうてん》率の向上、受注から発送までの時間短縮などはハード、ソフトのテクノロジーの集結である。

継続した投資を行い、赤字を出さざるを得ない状況であっても顧客へのサービス強化を優先してきたことが、他のEコマース企業を圧倒するアマゾンの強み、魅力となって顧客の信頼を集め、企業として成長し続けてきた。そして成長し続けているからこそ、投資家からの期待と資金を集めることができている。

アマゾンを理解するための「三つの重要戦略」

現在のアマゾンの実像を理解するために特筆すべきこと。それは、Eコマースが基軸ではあるものの、戦略的に重要視[13]している次の11項目である。

1 プライム会員サービス
2 AWS
3 マーケットプレイス
4 Alexa（音声認識AIアシスタント）

5 Ａｍａｚｏｎデバイス（Ｅｃｈｏ、ＦｉｒｅＴＶ）
6 プライムビデオ
7 プライムミュージック
8 ファッション
9 Ｗｈｏｌｅ Ｆｏｏｄｓ（米国で買収したスーパーマーケットチェーン）
10 Ａｍａｚｏｎ Ｇｏ（レジ無しコンビニ）
11 インド市場

この重要戦略[14]に、直販による小売ビジネスは挙げられていない。

中でも大きな牽引力となっているのが、「プライム」「ＡＷＳ」「マーケットプレイス」という三つの戦略である。それぞれ、概略を説明しておこう。

重要戦略① プライム

アマゾンプライムと呼ばれる会員制サービスのこと。たとえば日本の場合、月額５００円もしくは年間４９００円の会費でプライム会員となることで、当日配送などのオプションサービスを何度でも無料で利用可能になる「配送特典」、対象の映画作品などが無料で視聴できる「プライムビデオ」、２００万曲以上の音楽が聴き放題の「プライムミュージック」など、多彩な特典を活用できる。

2020年末には世界のプライム会員数が2億人に達し、対前年比で5000万人も増えたことになる[15]。

また、プライム会員が1年間にアマゾンで買い物をする金額は平均1400ドル（14万円）で、非プライム会員の600ドルの2・3倍[16]だ。日本国内のプライム会員数は非公表だが、2021年12月時点でのAmazon.co.jpへの月間ビジター数4729万人[17]におけるプライム会員数比率は米国と比較するとまだ小さい。

プライム会費はいわゆるサブスクリプションモデルで、継続して安定した収益（2021年度は売上の7％で前年比＋26％）を見込むことができる。安定した収益によって経営基盤を固め、さらに新しいサービスの提供や、既存サービスの品質向上に投資していくことが、アマゾンのさらなる成長に向けた重要戦略となっているということだ。

さらにプライム会員になるユーザーはアマゾンの利用頻度が高く、1回当たりの購入点数が多く、購入金額が大きいロイヤリティーの高い優良な顧客でもある。これらはデータで検証済み[18]なので、まずはプライム会員数を拡大するというのが一次的な戦略である。

とはいえ、長年プライム会員である顧客も、デジタル特典と呼ばれる「プライムビデオ」「プライムミュージック」「プライムフォト」などの使用率が低い。そのため、これらの使用率を高めプライムサービス全体の利点を感じてもらい継続利用を促す。もしくは新規プライム会員獲得のために、まずはデジタル特典を使用してもらってから、物販サービスを使ってもらうという2方向からのアプローチをしている。

昨今のテレビCMは、他の映画コンテンツ提供会社であるＮｅｔｆｌｉｘやＨｕｌｕなどと同様に映像コンテンツのみを訴求し、プライム配送特典については一切触れていない。デジタル特典を訴求し会員数を拡大することが重要戦略であることを説明している。

日本のプライムビデオでは、既存のテレビ番組や映画を配信するだけでなく、吉本興業と電通が設立したＹＤクリエイションと連携して、ドラマやバラエティ、アニメなどのオリジナル番組を制作して配信している。

最近では、地上波とは異なりスポンサーなどからの動画コンテンツの内容に対する制約が少ないこのようなサービスの需要も高まり、アマゾンの物販をサポートするためのプライム会員拡大だけではなく、独立してこのコンテンツ提供サービスだけで展開する動きもあるようにみえる。

重要戦略②　AWS

ＡＷＳは、２００６年にクラウドコンピューティングでＩＴインフラを公開したサービスである。アマゾンが自社の在庫や配送管理、データ分析などを行うために最先端のIT技術を駆使して構築したインフラやシステムを、一般ユーザー向けにWebサービスという形態で提供している。

クラウドコンピューティングの主なメリットの一つは、必要な時に、必要なだけ、低価格でITリソース（サーバー容量などのIT資源）を利用できることだ。具体的には企業の自社ウェブサイトのサーバーとして利用することで、表示を高速化したり突発的な大量のアクセスにも対応できるようになる。

クラウドを使用することで、企業はもはや数週間、数カ月も前から、サーバーや他のITインフラストラクチャ（ハードウェア、ソフトウェア）を計画、調達する必要がなくなり、迅速に結果を出すことができる。単なるデータストレージ（アプリケーションやメディア、文書などの情報をアーカイブ、整理、共有するプロセス）のみならず、分析、ネットワーキング、モバイル、開発者用ツール、管理ツール、IoT、セキュリティ、エンタープライズアプリケーションなどの製品パッケージやサービスも利用できる。

同様のクラウドサービスはマイクロソフトやグーグル、IBMなども提供しているが、アマゾンはトップシェアを築いている。サービスを開始したのが早かったことに加えて、ユーザーのニーズを敏感に察知して対処、豊富なサービスメニューをラインアップ。他社サービスに先駆けて従量制の料金システムを導入し、さらにビジネス規模の拡大によるコストダウンを価格に反映させるべく毎年料金を下げることを繰り返すなど、コストパフォーマンスと利便性を進化させてきた成果といえる。

小売事業とは違い、ＡＷＳのサービスは一度契約した顧客から継続的に収入を得ることができる。つまり、安定した収益を見込めるビジネスなのである。ますます、クラウドサービスの利用者が増えるとともに、ＡＷＳの売上も成長を続けている。

重要戦略③　マーケットプレイス

マーケットプレイスの流通総額が、２０１８年にアマゾン全体[19]の58％に達していたことは前述したが、ベゾスはこのマーケットプレイスを重要な戦略であると明言している。その最大の理由は、アマゾンの圧倒的な品揃え（日本の場合で数億点といわれている）を支えているのが、このマーケットプレイスであるからだ。

アマゾン自身が商品を直販するためには、まず小売業界で「バイヤー」と呼ばれる商品仕入れの担当者が、メーカーや卸《おろし》売り業者と条件交渉をして販売する商品の仕入れ価格を決定し、商品登録をし、需要増によって発注する際の納期を調整する必要がある。

アマゾンジャパンでも各事業部の商品カテゴリーごとにたくさんのバイヤーが活躍して

いるが、いかに大人数のバイヤーを雇用しても、自社で直販できる商品点数の拡大にはおのずと限界がある。

もちろん、アマゾンが得意とする仕組み化を図り、メーカー、卸売り業者のほうから商品仕様や卸価格をアマゾンに登録するシステムも存在する。しかし、それよりもスピーディーに圧倒的な商品数を効率的に拡大できるのが販売事業者を増やすことである。マーケットプレイスに出品する多様な商品カテゴリーのたくさんの販売事業者が多くの商品をラインアップすることで、アマゾンの品揃えはバイヤーがいなくとも増えていくのである。

ただし、忘れてはならないのが、アマゾンが直接販売をする小売直販があるからこそ顧客の信頼を得て集客力が高まることが、アマゾンの強みであることだ。

小売直販部門は特に売れ筋の商品を在庫切れが発生しないように需要予測（自動ではあるが）をし、メーカーからの納期を考慮して最適な数量を発注して機会損失の無いように在庫レベルを調整（これも自動）している。さらに、競合他社の同一商品の価格に対して高くならないように価格設定（これもまた自動）をすることによって、顧客が安心して買い物ができるようにしている。

仮にこの小売直販がなく、価格設定、在庫調整や配送を販売事業者に委《ゆだ》ねなければならないマーケットプレイス事業のみであれば、顧客の利便性は大きく損なわれ、Ｅコマース事業はここまで伸びてこなかったであろう。

多くの販売事業者が参加すれば当然同じ商品を扱うこともあるのだが、アマゾンの販売サイト内ではアマゾン直販、マーケットプレイスの販売事業者に関わらず「1商品1カタログ」（詳細は第2章で述べる）の原則が徹底されており、顧客の商品の検索性、利便性を損なうことがないよう配慮されている。

こうしたカスタマーファーストの理念がシンプルに貫かれていることが、他のEコマースのサイトに比べてアマゾンの強みになっていることは間違いない。

こうした三つの重要戦略を含む11の戦略の他に、Amazon Advertisement（広告事業）や、私が退職する直前の1年間でサービスを立ち上げたAmazon Business（企業向け販売、B2B事業）などが加わり、他にも数多くのサービスを運営している。

アマゾンが世界で21カ国しか展開していない理由と撤退事業

アマゾンが世界でEコマース事業を展開しているのが21カ国しかないということも、意外に少ないと感じる方が多いのではないだろうか。

理由は明確だ。アマゾンは、アマゾンが得意とするビジネスモデルを展開できる国でしか事業を展開していないということである。最大のポイントはロジスティクスだ。アマゾンは顧客に商品を届ける日を確約する。その信頼に応えうるロジスティクスの仕組みが確立できない国では、アマゾンはアマゾンとしてのサービスが行えない、だから進出しないのである。

さて、唯一、国の市場として11の重要戦略に挙げられているのはインドである。

2019年4月にアマゾンが中国でのEコマースからの撤退を発表した[20]。中国市場で一《いっ》気呵成《きかせい》に投資しなかったことでアリババなどの競合他社の台頭を許してしまった。この失敗から二度と同じ轍《てつ》は踏まないように、インドでは多額の投資を行った。そして、スケールメリット（企業規模の拡大によって得られるさまざまな効果）を出すべく、この大市場で多額の赤字を出さざるを得ない状況が続きながらも踏ん張って、売上拡大を図っている。

他にも新しい事業の立ち上げや買収を繰り返して成長を続けるアマゾンだが、もちろん失敗した事業もある。

2014年に「ファイアフォン」で参入した携帯電話（スマホ）事業は全く売れず、2014年第3四半期には1億7000万ドル（170億円）の巨額な損失を計上し[21]、2015年に完全撤退した。

「アマゾンオークションズ」というオークション、「ローカルレジスター」というモバイル決済、ファッション専門販売サイトであった「Endless.com（日本ではJavari.jp）」、「ウェブストア」というネットショップ立ち上げ支援サービス、「マイハビット」と呼ばれた会員制セール、「アマゾンローカル」というレストラン予約宅配サービスなどは撤退した事業のほんの一部である。また、直近の２０２１年3月には２０１５年から米国とイギリスで展開していた68カ所全ての実店舗書店「アマゾンブックス」を閉鎖すると発表した。

失敗が許される文化があり、失敗から多くのことを学び取るという考えで、見切りを付ける思い切りもいいのが、アマゾンの事業展開の特徴ともいえる。高い授業料ではあるが、失敗から得たノウハウがその後の新規事業の成功に結びついている。

アマゾンジャパンの意外な業績

アマゾンの日本法人の軌跡を確認しておこう。

現在の「アマゾンジャパン合同会社」は、日本国内で商品調達、販売サイト構築、販売、配送、課金、回収までの一環プロセスを完結できるようにするため、２０１６年5月に当時のアマゾンジャパン株式会社とアマゾンジャパン・ロジスティクス株式会社が統合したものだ。[22] もちろん、日本で登記された会社として他の日本の会社と同様に納税している。

もともとアマゾンジャパン株式会社は、日本の顧客向けの販売元であった米国のAmazon International Sales, Inc.に対して業務サポートを提供する形態をとる会社であった。以前の形態と現在の形態、どちらにしても、日本独自で開発するサービスやシステムはわずかで、仕事を進めるに当たっては米国本社との関係が濃密だ。

アマゾンは展開する全ての国で、「同じサービスを同じ品質で」提供することを目指しており、システム開発などは基本的に米国本社が統括している。システム開発のみならず、最終意思決定、予算配分、企業文化の統一、人事制度の統一、財務、法務などバックエンドのコントロールなど、米国本社を軸とした「企業統治＝ガバナンス」（詳細は第6章で述べる）が徹底されているのも、アマゾンという世界的企業の大きな特徴となっており、それが強みでもある。

日本企業の海外展開と比較してみよう。私は前職でフランス、ルーマニア、タイにおいて社長として日本企業の現地法人を経営していた。もちろん、メーカーでも商社においても、販売については日本本社の各製品事業部との仕入れ価格、納期調整などを行いながら、また販売戦略などをすり合わせながら進めていく。

一方、それ以外の販売をサポートする販売網構築、組織構築、社内システムの構築、企業文化の醸成などは、日本本社からの影響力は少なく、それぞれの現地法人に任されることが多かった。さらに買収した企業でさえ、遠慮からか有効的に統治することなく、そのまま放置で買収によるメリットを出せていないケースもあった。

私がフランスの会社を任されたのは買収後10年も経ってからで、赤字垂れ流しの状態をこのままにしておくわけにはいかないという背景があった。しかし、現地法人任せで、ガバナンスを効かせてテコ入れしてこなかったため時すでに遅しであり、結局、会社を清算することになった。

逆にアマゾンが象徴する米国企業のガバナンスには遠慮などという文字は全くない。各国の現地法人を細部までコントロールし、権限を本社に集中させ、情報を吸い取って、グローバルでの優先順位のもとに投資を振り分けている。

ガラパゴス化（独立した環境で最適化が進み、その結果、他地域との互換性を失い取り残されること）を排除し、重複した組織を少なくし、非常に効率的な経営ではあるが、各国に与えられる決裁権が日系企業と比較すると小さいので、実際はこのような外資系の経営層の仕事は面白くないと感じる人もいるかもしれない。

余談にはなるが、私が前職の株式会社ミスミを退職したのも同様の理由からだった。当時、私はタイ法人の社長として４事業を統括していたが、本社がそれぞれの事業部のグロ

日本法人売上推移表

	2009	2010	2011	2012	2013	2014	2015	2016	2017	2018	2019	2020	2121
日本売上(百万ドル)	3,186	3,929	5,348	6,478	7,636	7,912	8,264	10,797	11,907	13,829	16,002	20,461	23,071
為替レート年平均	92.57	86.81	78.84	78.82	96.65	104.85	120.05	109.84	111.19	109.43	108.05	105.82	108.80
日本売上円換算(十億円)	295	341	422	511	738	830	992	1,186	1,324	1,513	1,729	2,165	2,510
日本対前年比%	0.0%	15.6%	23.6%	21.1%	44.5%	12.4%	19.6%	19.5%	11.6%	14.3%	14.3%	25.2%	15.9%
日本売上割合%	13.0%	11.5%	11.1%	10.6%	10.3%	8.9%	7.7%	7.9%	6.7%	5.9%	5.7%	5.3%	4.9%

日本法人　売上（十億円）

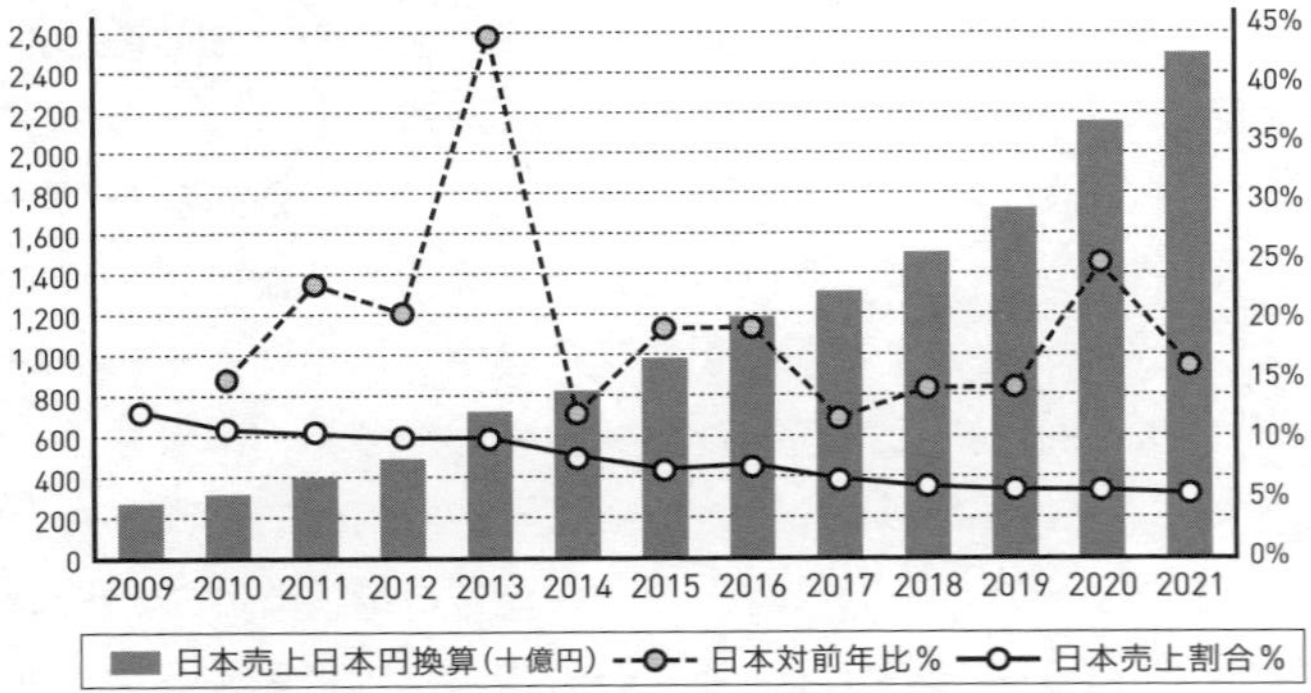

ーバル軸を強化し、海外法人の各事業マネージャーは、海外法人社長へのレポートラインから本社のそれぞれの事業部に変更するという決定がなされ、社長としての決裁権縮小により士気がさがったからだ。

もちろん、理にかなっており適切な判断ではあったが、海外法人社長の役目が人事、財務、法務、コールセンター、ロジスティクスセンターなどのバックエンドの管理のみになるということに面白みをなくしたのである。外資系も日系企業も効率的な経営と社員のモチベーションは表裏一体なのかもしれない。

さて、本題に戻りグローバルでの業績分析と同様に、アマゾンジャパンの２００９年から２０２１年まで13年間の売上推移を確認しておこう。

私の入社直後、２００９年度には約３０００億円弱だった売上は、２０２１年度には約２・５兆円に拡大している。そして、各メディアなどが推計しているアマゾン直販部隊の売上とマーケットプレイスの販売事業者による売上を含めた流通総額はおよそ5兆円程度である[23]。

規模感を比較すると、楽天は楽天市場のみの流通総額は数年前から公開しておらず、楽天トラベルを含めた流通総額は5兆円であるので、アマゾンはその高い成長率によって先行していた楽天市場を越えていると推測できる。また、販売事業者のみのマーケットプレイス流通総額は、2018年度には9000億円を超えていたことを発表しているが、[24] 2021年度では、少なくとも2・5兆円以上になるとみられる。

とはいえ、北米と比較して日本でのEコマースにおけるマーケットセグメントシェアがまだまだ低いにも関わらず、対前年比の成長率は北米やドイツ、英国などのグローバルよりも低水準に留まっている。2020年の日本のサービス、デジタル分野を除く物販系のEコマースの市場規模は12兆2333億円で、小売市場全体151兆3150億円に対して8・08%である。[25] そして、アマゾンジャパンのEコマースにおける売上2・2兆円のセグメントシェアは米国の39%に対して14%程度にとどまっていることになる。

そのため、グローバルの売上に占める日本の売上の比率が2014年度以降は10%を切り、2021年度はわずかに4・9%になっているように年々低下。アマゾン全体における日本のビジネスの存在感は薄くなっていることが否めない。

日本でのマーケットセグメントシェアの成長率がグローバルに比べて低水準に留まっているのは、そもそも日本ではヤマト運輸や佐川急便、日本郵便といった宅配ネットワークの整備が進んでいて、楽天市場をはじめとするEコマースの競合が激しい点が挙げられる。要は、誰でもそれなりに迅速な配送サービスを顧客に提供することが可能である。

もちろん、アマゾンのようにビジネス規模が大きくなって同レベルのサービスを継続して提供することはそんなに簡単なことではない。が、アマゾンにとっては、この優良な日本の宅配サービスがプライム会員向けの配送サービスを通常配送に対して差別化を難しくしている。プライム会員向けのお急ぎ便配送と非プライム会員向けの通常配送とでは注文する時間によっては配送まで数時間から１日程度しか差がなくなり、配送特典だけではプライム会員になるメリットが少なく会員数拡大のブロッカー（障壁）になっている。

もう一つは、日本の人口が平野にある東京、名古屋、大阪、札幌、福岡などの大都市に集中しており、そこにはスーパーマーケット、コンビニエンスストア、ドラッグストア、その他量販店が網の目のように多く立ち並んでおり、利便性がすでに確立されていることが挙げられる。土地が広大で、買い物も不便な人口の割合が多い米国などと比較すると、日本の大都市に集中している顧客は、アマゾンの配送スピードなどをメリットとして感じにくいからだ。

このような環境の中、１～２時間での配送を可能にする「Ｐｒｉｍｅ Ｎｏｗ（プライムナウ）」や生鮮食料品を扱う「Ａｍａｚｏｎ Ｆｒｅｓｈ」の成功は日本では簡単ではないであろう。実際に２０１９年11月からは、「Ｐｒｉｍｅ Ｎｏｗ」の対象エリアを縮小し、[26]２０２１年３月には遂にサービスを終了している。

アマゾンジャパンに託された成長拡大の可能性

マーケットプレイスビジネスにおいては、グローバル戦略に則《のっと》って、日本でもその拡大に注力しており、私自身、2015年から2018年までその責任者として出品者事業の拡大に取り組んできた。

戦略としては単純で、できる限り多くの販売事業者を誘致し、販売拡大のための利便性を顧客、販売事業者の双方に提供することである。品揃えを増やすために日本国内のみならず、特に隣国である中国の販売事業者を日本で販売するよう誘致にも力を入れた。結果、日本の顧客には今までになかったような商品を安価で高品質で、そして、日本国内フルフィルメントセンターからの迅速な配送を実現し利便性を提供できた。

一方、販売事業者への登録を容易にしたことの副作用として、模倣品などを扱う業者が少なからず紛れ込んだことも残念ながら事実である。そして、品揃えを拡大するだけではなく、販売事業者の利便性を向上するために、「FBA（フルフィルメント・バイ・アマゾン）」と呼ばれる販売事業者の出品商品をアマゾンのフルフィルメントセンターで在庫として預かり配送代行をするサービス、販売事業者独自の配送ロジックで迅速な配送が可能な業者に提供する「マケプレお急ぎ便」、運転資金の貸付をする「アマゾンレンディング」、スタートアップ企業の支援である「Ｌａｕｎｃｈ Ｐａｄ（ローンチパッド）」、日本の販売事業者に対する海外のアマゾンでの販売支援「グローバルセリング」も拡張してきた。

現在でも、この品揃え拡大や配送サービス改善による顧客利便性向上のみならず、利益率改善にも重要なマーケットプレイスはアマゾンジャパンでも大きな組織として強化、運営されている。

ともあれ、日本国内の小売マーケットにおけるＥコマース比率がまだ低く、さらにＥコマース自体が拡大していく流れの中では、アマゾンジャパンにはまだまだ成長の余地が残されていることを意味している。

第2章　ジェフ・ベゾスの考える「普通の基準」とは

精神論ではない「顧客中心主義」

私が学んだアマゾンの「普通の基準」とはどんなものなのか。ここから、具体的な事実を挙げながら解き明かしていきたい。

まず、アマゾンのあらゆるビジネスに貫かれている基本理念を挙げておく。

【アマゾンのDNA】

・地球上で最もお客様を大切にする企業であること。

・オンライン上で求められるあらゆるものを探し、発見でき、購入できる場を創り、できる限り安い価格で提供できるように努力する。

【アマゾンのWorking backwards（起点解決法）】

お客様の発想や要望からスタートし、常にお客様の立場で考えること。

アマゾンでは後述する「リーダーシップ・プリンシプル（Our Leadership Principles＝OLP）」と名付けた社員の行動規範を定めているが、ここに挙げた二つの基本理念は、そのリーダーシップ・プリンシプルや日々の仕事の中で徹底されている「アマゾンはこうあるべき」という考え方の「基準」となっている。

中でも、最も重要でアマゾンの真骨頂となっているのが、「地球上で最もお客様を大切にする企業であること」である。これはアマゾンが目標とする最大のミッションであり、「お客様の発想や要望からスタートし、常にお客様の立場で考えること」という思考回路により「お客様を大切にする」がより具体的な指針として社員に徹底されている。

お客様を大切にすると聞くと、高度経済成長期の日本で流行語のようになった「お客様は神様」ですといったエキセントリックな精神論を思い浮かべる方もいるだろう。「うちの会社でも〝顧客中心主義〟というモットーを壁に貼ってるよ」という方もいるだろう。でも、アマゾンで精神論は通用しない。お客様を大切にするためには、お客様の利益を一番に考え、サービスやシステムがどうあるべきかを実現していくことが重要であり、それを実践する教育やカルチャー、意思決定プロセスが社員の末端にまで浸透しているということである。

たとえば「オンライン上で求められるあらゆるものを探し、発見でき、購入できる場を創り、できる限り安い価格で提供できるように努力する」という理念を考えてみる。

豊富な品揃えと購入機会の提供は、小売業であれば当然の企業努力と思う人も多いだろうが、普通の小売業者は小売業者としての立場で商品を揃えて販売していることが意外にも多いことに気付く必要がある。

仕入れ先のメーカーで在庫が余ったから安く仕入れて特売品にする。メーカーからの販売リベート率が大きいから力を入れて販売する。こうした方法は、企業側の都合であり店側が売りたいものを売ろうとしているのであって、小売やマーケティングの業界で「プッシュ型」と呼ばれる販売スタイルとなり、顧客視点が欠けていることもしばしばある。

アマゾンのストアでは、世界で最も豊富な品揃えによって「あらゆるモノ」が揃っている。欲しいものが簡単に見つかり、同じような商品と簡単にわかりやすく比較することができる。そして、できるだけ安い価格で購入することができる場を創出し、顧客の購買の手助けをすることを目指している。

この「購買の手助けをする」というのが重要で、そのための機能拡張による利便性を追求しているのである。たとえば、検索性、リコメンデーションなどにより顧客によってカスタマイズされた情報提供をし、商品選択のサポートをしている。あくまでも顧客本位の視点でサービス品質の向上と熟成を目指しているのが、アマゾンのビジネススタイルなのである。

では、サービス品質向上のために、何をどのように実践していくか。その考え方を示しているのが「お客様の発想や要望からスタートし、常にお客様の立場で考えること」という理念である。

社内のミーティングで、私が統括するチームのメンバーから、たとえば新しい支払い方法の導入が提案された場合、私は「どんなお客様が？」「なぜ必要としているのか。課題や改善点が明確か？」「導入することでお客様にどのようなメリットがあるのか？」「どのようにその需要を知ったのか、調べたのか？」「お客様の体験が描けているか？」といった点を徹底的に追求し、提案者であるメンバーも当然のこととしてその回答を用意している。

導入を提案する理由が「アマゾンが支払うトランザクションフィー（支払い決済ごとに掛かる手数料）が安くなる」といった売り手側の理由だけであれば導入は見送りとなり、お客様のためになるのであれば可及的速《すみ》やかに導入される。それが、アマゾンの「普通」の判断基準になっているということなのである。

基本理念は「カスタマーセントリック（顧客中心主義）」に尽きる

基本理念をひと言で表現すると「カスタマーセントリック（顧客中心主義）」である。マーケティング用語としては、売り手からの売り込み中心の「プッシュ型」に対して、顧客の自主的な需要を引き出すスタイルを「プル型」と呼ぶが、アマゾン社内では明確に「Working backwards from customer（顧客の視点で考える）」が「基準」である。

では、具体的にどのような場面で顧客中心主義が貫かれているのか。

わかりやすいのが価格設定だ。普通の小売事業者であれば仕入れ価格に利益を上乗せして販売価格を決めるだろう。でも、アマゾンの価格決定の仕組みは違う。オンラインの他店舗が同じ商品をいくらで販売しているかを調べた上で、最低価格のレベルを維持するようになっている。仕入れ価格には関係なく販売価格が決定されるシステムになっているので、結果的に商品によっては赤字で販売せざるを得ないこともある。

市場での最低価格を基準とする理由は明確だ。たとえば、ある家電製品をアマゾンで買った顧客が、家電量販店で同じ製品が10％ほども安く売られているのを知ったらどう思うだろう。「アマゾンで買うと高いじゃないか」と後悔するに違いない。

顧客の利益を第一に考えることが「基準」なので、そういうカスタマーエクスペリエン

ヘッド（売れ筋商品）とロングテール

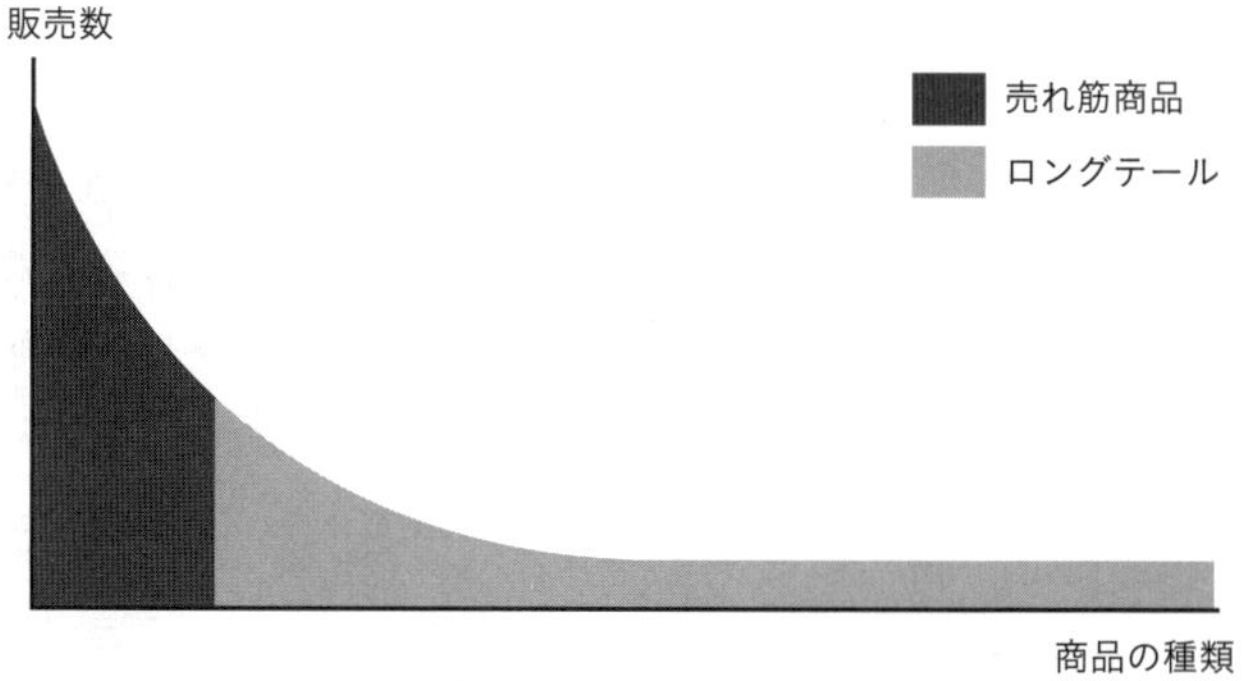

スが起きないようにすることが、顧客の立場になって価格を決めるということである。もちろん、赤字のままではいけないので家電量販店と同レベルの仕入れ価格になるようメーカーとの交渉も行うが、重要なのはまず「顧客に損をさせない」ことだ。結果として顧客からの信頼を得ることができる。

品揃えが圧倒的に豊富であることも、顧客中心主義の成果といえる。「ロングテール（長い尻尾）」という用語をご存じの方は多いだろう。アマゾンのようなネット通販の世界でも、20・80ルールはあり、品揃えしている中で20％の売れ筋商品が80％以上の売上を占めるように偏ってしまう。商品ごとの売上をグラフにして並べると、売上の小さな残り80％の商品が恐竜の尻尾のように長く低い曲線となって伸びることからロングテールと呼ばれる。

1年に1個しか売れない、1カ月に数個しか売れないような商品も品揃え、そして在庫をしておくことを、ロングテール戦略と呼ぶ。ただし、この品揃え戦略は販売者にとっては非常にコストが掛かる施策でもある。あまり売れない商品の在庫費用が膨大なものになるからだ。

しかし、圧倒的な品揃えをすることで、顧客は「アマゾンに行けば欲しいものが必ず見つかる」「町の店舗で探して見つからなかったモノが翌日には届いた」というカスタマーエクスペリエンスを得ることになる。この顧客中心主義の販売施策は安値以上にアマゾンの強みになっているのだ。

売り場面積、商品棚面積の制約がある実店舗で、オンラインストアで商品陳列棚数が無制限のアマゾンと同レベルの数億点（マーケットプレイス含む）の品揃えをするのは不可能といっていい。

とはいえ、膨大な商品の在庫を備えておくのはコストが掛かることでもあり、いかにアマゾンとはいえロングテールの先っぽのほうの商品は在庫が切れてしまうこともある。でも、在庫コストが掛かるから品揃えを控えようという発想はアマゾンにはない。

まずは顧客の立場になって最大限に品揃えを充実させた上で、それを支えるために巨大化した物流システムの効率を上げ、コストを抑えるにはどうすればいいか。アイデアを振り絞り工夫を重ねていくのが、アマゾン社員の仕事になるということである。

ジェフ・ベゾスが公開している
emailアドレス jeff@amazon.com

いかにサービス品質で万全を目指すアマゾンとはいえ、100％完璧なサービスはあり得ない。なにがしかのミスが発生して、顧客から連絡、意見をもらうこともある。

カスタマーサービスでは顧客からの連絡に365日24時間対応している。さらに、顧客の問題の状況を確認して、返品や交換に応じたり、お詫びとしてギフトカードを送るといった対応について、カスタマーサービスの担当者の裁量に任されているので素早い対応ができる。何か問題があったとしても「アマゾンはこんなに迅速な対応をしてくれた」という体験を提供し、最初は苦言を言うつもりだったのが結果的に「アマゾンのファンになった」というケースも少なくない。

また、顧客の声を的確な改善に繋げている。たとえば、私が退職前に統括した企業向け販売のAmazon Businessの立ち上げには、カスタマーサービス担当者に企業の購買の仕組みなど特別な知識が必要なため、企業向けに特化したカスタマーサービスを別途設立した。そこでは、顧客である企業からの意見や要望を統計して優先順位をつけて改善したり、機能などを拡充した。さらに、一人一人の顧客の声、VOC（Voice of Customers）を重要視し、私自身も定期的なミーティングでそのVOCを聞き、必要とあらばすぐさま決断してアクションをとることも多かった。

ジェフ・ベゾスも、jeff@amazon.comというemailアドレスを公開しており、顧客からのメールを読んでいる。問題の連絡を受けて、対策が必要な場合は、文頭に「?」マークをつけて、責任者に転送する。その責任者は、問題の把握、原因究明したあと、緊急対策、恒久対策を練り、ジェフ・ベゾスに報告するルールとなっている。私は10年の間に数回、関係した問題があり、そのプロセスを経験したことがある。

このように、経営者や事業のトップが、全体の経営指標だけではなく、現場、すなわち顧客の声に敏感なのはアマゾンの「普通の基準」だ。それが、問題をスピーディーに解決して、現場感のある舵取り、経営を可能にしているのだ。

顧客からの連絡は問題だけではなく、お褒めの言葉をもらうことも多い。代表的なものを社員にシェアをして、社員の自信、ロイヤリティーなどを醸成している。

ジェフ・ベゾスがいう「これがアマゾン」だ

アマゾンの顧客中心主義は、後付けの理想ではなく創業当初からの長期的戦略として徹底されてきたことだ。

まだ日本進出より3年ほど前の1997年、創業者であるジェフ・ベゾスが株主に宛てたメッセージレターでも、アマゾンがどういう企業であるかを示す言葉の冒頭に「顧客中心主義」であることが示されている。

毎年送られる株主へのレターに、今でも必ず添付されており、かなり長文のレターではあるが、重要なメッセージなので全文翻訳版を記載する。また、原文（英文）は巻末に掲載する。まずは要点を抜粋して紹介しておこう。


【ジェフ・ベゾスが示した長期戦略の要点】

・顧客にフォーカスする。
・ウォールストリートを意識した短期的な利益を目的とした投資ではなく、長期的な視点で投資をする。
・投資効果を分析し、成功と失敗から学習する。
・キャッシュフローの最大化を図る。
・倹約のカルチャーを貫く。
・長期的な利益、資本管理と成長のバランスを考えるが、今は、ビジネスモデルをスケール（拡大、増大）させるために成長を重視する。
・優秀な社員の採用に継続してフォーカス（注力）し、ストックオプションを多く付与する。成功はやる気のある社員をどのように繋ぎとめられるかにかかっている。

こうした項目を列挙した後に、ジェフ・ベゾスは「これが皆さんの投資に値《あたい》するかどうかはわからないが、これがアマゾンだ」と結んでいる。

ウォールストリートを牙城とする投資家たちに宛てたレターであるにも関わらず「ウォールストリートを意識した投資はしない」、株主ではなく「顧客にフォーカスする」とか「成功と失敗から学習」という失敗することもありうるという前提をはっきり書いている点に、ベゾスらしい気概を感じる内容だ。

このレターは、創業当初から顧客中心主義がアマゾンの最も重要な「基準」であったことを示しており、それは今でも一貫して実践されている。

毎年の株主へのレターに添付されるだけではなく、社員に思い起こさせるために場面場面でのメールなどにこのメッセージが添えられることもある。私を含め事業リーダーも部内ミーティングやチームビルディングを目的としたイベンドなどで使用し、内容についてディスカッションすることがしばしばあった。

また、キャッシュフローを最大化し、その資金をフルフィルメントセンターの拡充や、より利便性を高めるためのシステム開発にふんだんに投資することや、社員全体に倹約の精神を徹底することも貫かれている。成長し、サービス品質を整える過程では赤字となっても、さまざまなカテゴリーにおけるマーケットセグメントシェアをとること、すなわち売上を大きくすることによってスケールメリットが生まれ、コストも削減できること、まずは成長を重視するという戦略も明確に示されている。

ストックオプション（実際にはRestricted Stock Unitsで制限付株式ユニットのこと。約定株数の現物の株式を定期的に従業員に与える）を多用し、黒字化による株価効果が現れるまで長い時間はかかったが結果として多くの社員に富をもたらし、優秀な社員の勤続年数が長くなっているのもジェフ・ベゾスが想定した戦略だったということだ。

ちなみに、アマゾンにおける優秀な社員とは、顧客中心主義を理解し、第5章で述べるリーダーシップ・プリンシプルの模範となるようなリーダーシップを発揮し、実践できる人である。この後も優秀な社員という言葉が使われるがあくまでもアマゾンにおける優秀と解釈いただきたい。

このレターが発信されてからおよそ25年。いささかもぶれることなく顧客中心主義を核とした戦略が貫かれていることが、今日のアマゾンの繁栄を支えているといっていい。

ジェフ・ベゾスの1997年　株主向けレター（日本語訳）――原文は巻末に記載

株主の皆様へ

年末までに150万人以上のお客様にサービスを提供し、収益は838％増の1億4780万ドルに達し、競合他社の積極的な参入にもかかわらず、市場でのリーダーシップを拡大しました。

しかし、これはインターネットにとってのDay 1であり、うまくいけばAmazon.comにとってもDay1となります。今日、Eコマースはお客様のお金と貴重な時間を節約しています。明日には、パーソナライゼーションによって、Eコマースは商品を見つけるプロセスそのものを加速させることになるでしょう。Amazon.comは、インターネットを通して顧客のために真の価値を創造し、それによって、確立された大規模な市場においても永続的なフランチャイズを構築したいと考えています。

大手企業がオンラインでのチャンスを追求するためのリソースを結集したり、オンラインの新規顧客が新しい購買行動をするようになると、Amazon.comには新たなチャンスが見えてきます。競争環境は急速に変化し続けています。多くの大手企業は、信頼性の高い製品をオンラインで提供し、認知度、トラフィック、販売の構築に多大なエネルギーとリソースを投入しています。当社の目標は、他の分野でのＥコマースの機会を追求し始めますが、現在の地位を確固たるものにし、さらに拡大するために迅速に行動することです。私たちがターゲットとしている大規模な市場には、大きなチャンスがあると考えています。しかし、この戦略にはリスクがないわけではありません。

長期的な視点が重要

私たちの成功の基本的な尺度は、長期的に創出する株主価値であると考えています。この価値は、現在の市場でのリーダーとしての地位を拡大し、確固たるものにする能力の直接的な結果となるでしょう。市場でのリーダーシップが強ければ強いほど、当社の経済モデルはより強力になります。市場でのリーダーシップは、収益の増加、収益性の向上、資本速度の向上、そしてそれに応じて投資資本に対する利益率の向上に直結します。

私たちの意思決定は、一貫してこの焦点を反映しています。当社はまず、市場でのリーダーシップを示す最も重要な指標である、顧客と収益の成長、お客様が継続して当社から購入し続けてくれる度合い、当社のブランドの強さを測定します。私たちは、永続的なフランチャイズの確立に向けて、顧客基盤、ブランド、インフラを拡大し、活用するために積極的な投資を行ってきましたし、今後も積極的な投資を続けていく予定です。

私たちは長期的な視点を重視しているため、一部の企業とは異なる意思決定を行い、トレードオフを検討することがあります。そのため、私たちの基本的な経営方針や意思決定の方法が、株主の皆様の投資哲学に合致しているかどうかをご確認いただくために、ここにご紹介させていただきたいと思います。

・私たちは、今後もお客様のことを第一に考えて行動します。
・私たちは、短期的な収益性や短期的なウォール街の反応ではなく、長期的な市場のリーダーシップを考慮して投資判断を行います。
・私たちは、当社のプログラムと投資の有効性を分析的に測定し続け、許容できるリターンが得られないものは捨て、最も効果のあるものへの投資を増やしていきます。私たちは、成功と失敗の両方から学び続けます。
・市場リーダーとしての優位性を獲得できる可能性が十分にあると判断した場合には、臆病な投資判断ではなく、大胆な投資を行います。これらの投資の中には、報われるものもあれば、報われないものもありますが、いずれの場合も、私たちはまた別の貴重な教訓を得ることになるでしょう。

・ＧＡＡＰ会計基準の体裁を最適化するか、将来のキャッシュフローの現在価値を最大化するかの選択を迫られた場合、私たちはキャッシュフローを選択します。

・大胆な選択をする際には（競争上の圧力が許容する範囲で）、戦略的思考プロセスを皆さんと共有し、合理的な長期的リーダーシップ投資を行っているかどうかを評価していただきます。

・私たちは、賢明な支出を行い、無駄のない企業文化を維持するために努力します。私たちは、特に純損失を出している事業においては、コストを意識した文化を継続的に強化することの重要性を理解しています。

・私たちは、長期的な収益性と資本管理を重視しながら、成長に焦点を当ててバランスをとっていきます。現段階では成長を優先させているのは、ビジネスモデルの可能性を実現するためには規模の大きさが重要であると考えているからです。

・私たちは、多才で有能な従業員の雇用と維持に引き続き注力し、彼らの報酬を現金ではなくストックオプションに重きを置いていきます。当社の成功は、やる気のある従業員をいかに惹きつけ、維持できるかに大きく左右されると考えています。

上記が「正しい」投資哲学であると主張するほど大胆なものではありませんが、これは私たちのものであり、私たちがこれまで取ってきたアプローチ、そして今後も取っていくアプローチを明確にしておかなければ、私たちの怠慢となってしまいます。

これを根幹に踏まえて、１９９７年の事業内容と進捗状況、そして今後の展望についてご紹介したいと思います。

お客様の満足にこだわる

当初から、私たちはお客様に魅力的な価値を提供することに焦点を当ててきました。私たちは、ウェブが、そして今もなお、世界的にまだ待ちの状態であることを理解していました。そのため、他の方法では手に入らないものをお客様に提供することにし、本でお客様にサービスを提供するようになりました。私たちは、物理的な店舗で可能な品揃えよりもはるかに多くの品揃えを持ち（私たちの店舗は今では６つのサッカー場を占めるぐらいになりました）、３６５日24時間営業で、便利で、検索しやすく、閲覧しやすい形で提供しました。私たちは、ショッピング体験の向上に執念を燃やし続け、１９９７年には店舗を大幅に強化しました。現在では、ギフト券、１クリックショッピング（ＳＭ）、レビュー、コンテンツ、閲覧オプション、レコメンド機能を大幅に拡充しています。価格を大幅に引き下げ、お客様の価値をさらに高めました。口コミは、今でも最も強力な顧客獲得ツールであり、お客様からの信頼に感謝しています。リピート購入と口コミのおかげで、Amazon.comはオンライン書籍販売のマーケットリーダーになりました。

１９９７年、Amazon.comはさまざまな手段を用いて、長い道のりを歩んできました。

・売上高は、１９９６年の１５７０万ドルから1億４７８０万ドルに成長しました。——８３８％の増加
・累積顧客アカウントは18万人から１５１万人に成長しました。——７３８％の増加
・リピーター顧客からの注文の割合は、１９９６年第４四半期の46％以上から１９９７年の同期間には58％以上に増加しました。
・お客様へのリーチという点では、メディア・メトリクスによると、当社のウェブサイトは90位から20位以内にランクインしました。
・当社は、America Online、Yahoo!、Excite、Netscape、GeoCities、AltaVista、@Home、Prodigyなど、多くの重要な戦略的パートナーと長期的な関係を築いています。

インフラストラクチャー

・1997年には、トラフィック、売上、サービスレベルの大幅な増加に対応するため、ビジネスインフラの拡大に努めました。

・Amazon.com の従業員数は158人から614人に増加し、経営陣を大幅に強化しました。

・配送センターの容量は、シアトルの施設を70%拡大し、11月にデラウェア州に2番目の配送センターを開設したことを含め、5万平方フィートから28万5000平方フィートに増加しました。

・在庫点数は年末には20万タイトル以上に増加し、お客様への供給力を向上させることができました。

・1997年5月の新規株式公開と7500万ドルのローンのおかげで、年末の現金および投資残高は1億2500万ドルとなり、戦略的な柔軟性が大幅に向上しました。

当社の従業員

この1年の成功は、才能があり、賢く、勤勉なグループの成果であり、私はこのチームの一員であることに大きな誇りを感じています。採用に対するアプローチの基準を高く設定することは、これまでも、そしてこれからも、Amazon.comの成功のために最も重要な要素です。

ここで働くのは簡単なことではありませんが（面接の際には「長く働くことも、一生懸命働くことも、スマートに働くこともできますが、Amazon.comでは三つの中から二つを選ぶことはできません」と伝えています）、私たちは何か重要なもの、お客様にとって重要なもの、孫たちに伝えられるものを構築するために働いています。このようなことは簡単なことではありません。私たちは信じられないほど幸運なことに、献身的な従業員たちが犠牲と情熱をもってAmazon.comを築き上げているのです。

１９９８年の目標

私たちは、まだ、インターネットコマースやマーチャンダイジングを通じて、お客様に新たな価値を提供する方法を学んでいる段階です。私たちの目標は、当社のブランドと顧客基盤を強固にし、拡大し続けることです。そのためには、並外れたお客様の利便性、選択、サービスをサポートするためのシステムやインフラへの持続的な投資が必要です。私たちは、製品提供に音楽を追加することを計画していますが、時間とともに、他の製品の提供にも慎重に投資していくと思います。また、配送時間の短縮や顧客体験のカスタマイズなど、海外のお客様により良いサービスを提供する大きなチャンスがあると考えています。確かに、私たちの課題の大きな部分は、事業を拡大するための新しい方法を見つけることではなく、投資の優先順位を決めることにあります。

現在では、Amazon.comが設立された時よりもEコマースに関する知識は大幅に増えていますが、まだまだ学ぶべきことはたくさんあります。私たちは楽観的ではありますが、警戒心を保ち、緊急性を維持しなければなりません。Amazon.comの長期ビジョンを実現するために直面する課題やハードルはいくつかあります。それは、積極的で有能で資金力のある競争相手、大きな成長の課題と実行リスク、製品や地域の拡大のリスク、拡大する市場機会に対応するための大規模な継続投資の必要性です。しかし、私たちが以前から言っているように、オンラインでの書籍販売やEコマース全般は非常に大きな市場であり、多くの企業が大きな利益を得られる可能性が高いと考えています。私たちは、自分たちがやってきたことに満足していますし、これからやりたいことにもさらにワクワクしています。

１９９７年は本当に素晴らしい年でした。私たちAmazon.comは、お客様のビジネスと信頼に、お互いの最大限の努力に、そして株主のサポートと励ましに心から感謝しています。

ジェフ・Ｐ・ベゾス
創設者&ＣＥＯ（最高経営責任者）
Amazon.com, Inc.

第3章　シンプルすぎるビジネスモデルを回す

「ベゾスの紙ナプキン」に記された「フライングホイール」

「ベゾスの紙ナプキン」についてのエピソードが、ＩＴビジネスの世界では伝説のように語り継がれている。

ジェフ・ベゾスは１９６４年、ニューメキシコ州生まれ。プリンストン大学を卒業後、ニューヨークの金融業界でファンドマネージャーとして働いていた。退職後、オンライン書店ビジネスを構想し、レストランでどんな事業を目指すのか友人と語り合いながら、手近にあった紙ナプキンに書き留めたといわれるビジネスモデルのアイデアが次に示す図だ。

「Flying Wheel（フライングホイール）」と呼ばれ、社員同士では英語で「Napkin Thingy（そのナプキンのやつ）」、日本語では「グルグル」と呼ぶこともある。

改めて説明するまでもないほど、とても簡単な図と単語でシンプルにアマゾンのビジネスモデルを示している。事業の「Growth（成長）」をコアとして、二つのサイクルが描かれている。

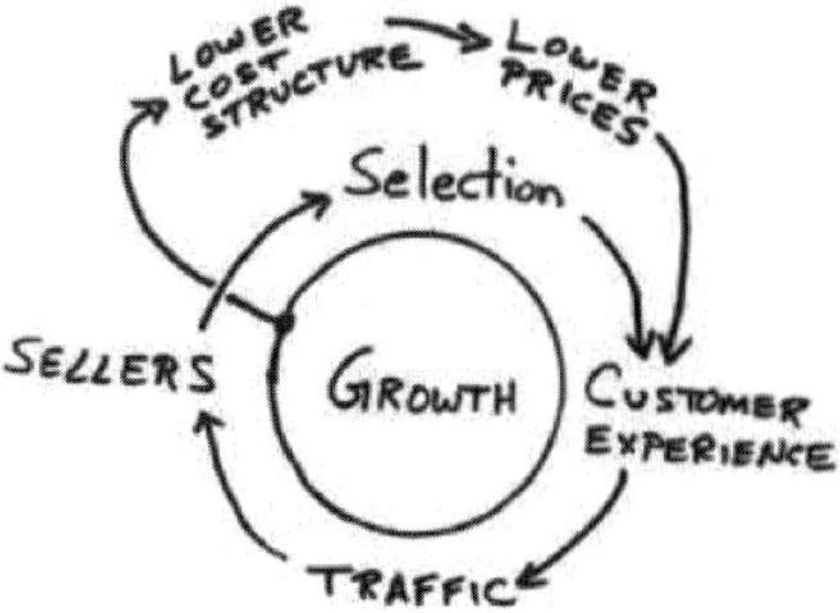

ベゾスのFlying Wheel（フライングホイール）。
通称グルグル

一つ目は、「Selection（品揃え）」の幅を広げることにより「Customer Experience（顧客体験）」を高め、顧客満足度が上がることにより「Traffic（訪問顧客）」が増え、ストアへのアクセス増加に繋がり、多くのアクセスが「Seller（販売者）」を集め、販売者増加によりまた品揃えが増えて、事業は「Growth（成長）」を続ける。

二つ目のサイクルは、その事業が成長することで「Lower Cost Structure（低コスト構造）」を実現し、さらには「Lower Prices（低価格）」を顧客に還元し、これもまたさらなる「Customer Experience（顧客体験）」の向上を実現する。

このサイクルは「グルグル」と回り続けるのである。ここまでに述べてきた顧客中心主義や低価格戦略が、創業を構想していた当時からアマゾンのビジネスモデルそのものであったことがよくわかる。

驚くべきことに、ジェフ・ベゾスが示した「Flying Wheel」の概念は、創業から25年以上経った今でもアマゾンのビジネスを支える普遍的な「基準」となっている。成長によって得られる収益は、企業の利益とするよりも、優先的にさらなる顧客体験の向上に投資していくという考え方も、このビジネスモデルに則っている。

前職の株式会社ミスミでも、第二期創業者が商売の基本は「創って、作って、売る」という単純明確にして奥深いビジネスモデルを掲げていたので、社員は商品を開発し、それを製造し、販売する三つの要素を連続性を持って最適化することに迷うことなく注力をすることができた。どの企業でもわかりやすいビジネスモデルが結果として長く定着するものである。

国境を越えて共通するのは「単純さ」

顧客体験向上のサイクルは単純だ。社員はそれぞれの役割の中でこのサイクルが示すエッセンスを追求し、サービス品質を向上させることに集中できる。ビジネスモデルが複雑であれば社員の理解を深めることが困難であるばかりでなく、顧客にも理解してもらえないだろう。

さらに、アマゾンでは顧客が求める体験や行動スタイルは、国境を越えて共通であると考え、グローバルで展開する全ての国で、このビジネスモデルに基づく世界共通のプラットフォームとサービスを展開している。ビジネスモデルが単純明快であることが、アマゾンのグローバル展開を促進してきたともいえるのだ。

ちなみに、この手書きの図はアマゾンのウェブサイトでも公開されているものだが、実際に25年以上前、ジェフ・ベゾス自らが書いたそのものであるのかは確かめたことがない。企業やIT業界がまだ歴史が浅いせいでもあるのだろうか、アマゾンではこの紙ナプキンと同じように、創業にまつわるエピソードや伝説を大切にしているところが感じられる。

たとえば、アマゾンジャパンの本社ビルにあるビジター用のミーティングルームが集まる廊下の壁には、アマゾンジャパン設立直後、社内に大勢のメンバーが集まる場所がなく、近くのカラオケルームで10名ほど集まって会議を開いた時の領収書が飾られている。

また、シアトルの本社では、ガレージを借りて事業をスタートさせた際、ガレージにあったドアのパネルをデスクにしたというエピソードから、今でも社員のデスクの多くがドアのように作られていたりする。

アマゾンジャパン本社ビルのミーティングルームの天井にもこのドアデスクをモチーフにしたドアがいくつもぶら下げられている。実はドアデスクを作ったほうが市販のオフィスデスクより高いのではないかと思うところもあるが、倹約を掲げる中、費用をかけてでも、エピソードが受け継がれ、カルチャーを育てることを大切にしているということだ。

顧客満足度を高める3本柱

良質な顧客体験を提供する、つまり顧客の満足度を高めるためにどうするか。その点もアマゾンのスタンスは明確である。

1　品揃え（Selection）
2　価格（Price）
3　利便性（Convenience）

これが、その3本柱。いずれも、フライングホイールが示唆するアマゾンのビジネスモデルそのものだ。そして、この三つの柱の強化を、イノベーションで効率よく支えていくという考え方が、アマゾンの特筆すべき点ともいえる。私自身の経験を織り交ぜながら、

顧客の満足度を高める3本柱

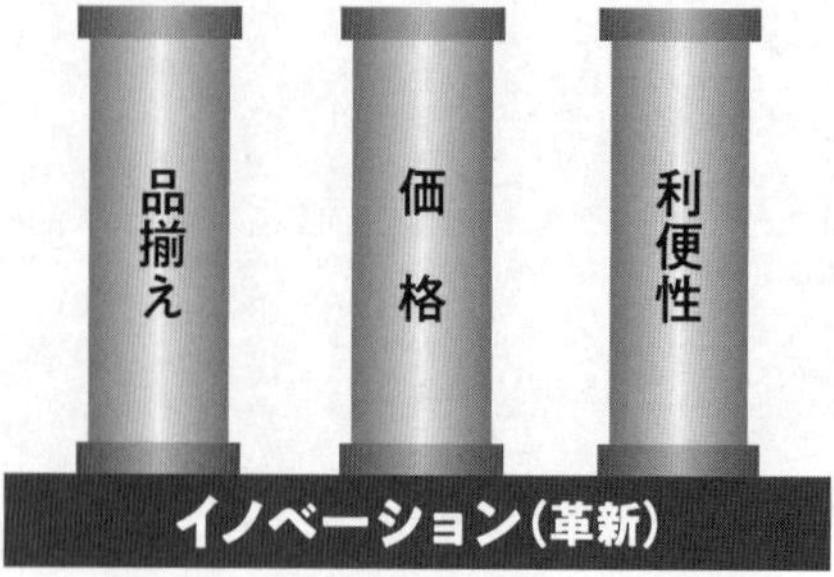

3本柱についてそれぞれ説明していこう。

1　品揃え

アマゾンは「地球上で最大の品揃え」が目標であることを明言している。

まず、直販を担当する小売部門は、アマゾンジャパンの場合はハードライン（家電、PC、楽器、文具など）、ライフ＆レジャー（スポーツ、おもちゃなど）、コンシュマブル（食料品、ドラッグストア関連など）、ファッション（衣類、靴、ジュエリーなど）、メディア（本、DVDなど）の5部署に分かれている。私は2011年から2014年まで、ハードラインの統括事業本部長を務めていた。

事業本部はさらに細かな商品グループごとの事業部に分かれていて、各事業部ではさまざまな役割の社員が活躍している。

まず、品揃えに深く関わるのが、どんな商品を仕入れるのかを計画し、メーカー、卸し問屋などの営業担当者との交渉を進めるバイヤーだ。アマゾンでは「ベンダーマネージャー」と呼ばれている。オフラインの店舗を展開する小売店、量販店であれば限られた展示スペースのどこにどの商品を陳列するかといった戦略も担当する。小売業にとっては重要な役割を担った職である。

また、通常の販売店で「ポップ」と呼ばれる店頭での顧客への訴求ツールで、価格に加えて商品の仕様などのセールスポイントが各商品に表示されているように、アマゾンにとってはウェブサイトやアプリ上のストアでどのように商品情報を見せるかということが大切である。アマゾンでは「サイトマーチャンダイザー」と呼ばれるエディターが、サイト構築や見せ方の工夫をする役割を担っている。

「アカウントマネージャー」は、マーケットプレイスに出品する販売事業者を、どの商品グループで、どう増やしていくか、品揃え拡大、販売戦略などを立案して展開する。

「インストックマネージャー」は、メーカーや卸し業者への発注、在庫管理を担当する。今でこそ自動化が進んでいるが、売上規模の大きいアマゾンの中で顧客の満足度を維持しつつ、在庫効率化を考えなければならない重要な部門である。

そして、顧客からの要望などを反映して、アマゾン独自の顧客利便性向上のためのプログラム、機能開発を司るのが「プロダクトマネージャー」の役割である。プロダクトマネージャーは、たとえば冷蔵庫、エアコンのような大きな家電を購入した顧客に対して、配送や設置のサービスをどのように提供するのかといった仕組みなどを構築することも大切な役割である。

小売直販部門の社員の中でも深く「品揃え」に関わるのが、まずバイヤー（ベンダーマネージャー）である。そもそも品揃えの拡充はバイヤーの重要なミッションだ。アマゾンが日本に進出した当初は、得体の知れない黒船企業に商品は卸せないというスタンスのメーカーなども多く、バイヤーはサプライヤー（仕入れ先）拡大の交渉に苦労し、追われた経緯がある。

私自身もたとえば、家電カテゴリーの大手家電メーカー販売会社のトップと折衝を続け、家電量販店などと比較すると仕入れコストも高く、また商品の数量割り当ても少ない取引条件の改善を図った。まだまだ、Ｅコマース、アマゾンに対する理解度が低い時代で企業トップとのアポイント取りさえ難しい時代もあった。

私の場合転機となったのは、２０１３年に開催したハードライン事業本部（当時、家電やＰＣからなる14事業部）でエグゼクティブサミットと呼ばれる家電メーカーなどのサプライヤーのトップを招いた事業説明会および懇親会だった。当時のチームメンバーの継続した交渉により多数の参加者を招くことができ、「他社がアマゾンと取引をするのであればうちもやろう」という空気感が流れたのであった。

現在ではアマゾンがもつ圧倒的な集客力と販売力により日本国内のメーカーなどに対する求心力が向上。さらにバイヤーがいちいち勧誘交渉をしなくともアマゾンに商品を卸したい企業はサプライヤー自身が自己登録できるシステムが採用され自動化が進んでいる。

事業拡大とイノベーションによって効率化とコストダウンを実現するアマゾン手法の典型的な一例といえるだろう。

売上の成長期においては、利益やコストは二の次にして品揃えの拡充を進めてきたのもアマゾンの経営戦略の特徴である。

たとえば、家電業界でいえば「ヤマダ電機」「ヨドバシカメラ」「ビックカメラ」などのトップ量販店をはじめとして、多くの店が大量の商品を販売している。トップの売上額は2000年代初頭当時でも1兆円を超えるレベルだったから、スタートアップ間もないアマゾンが仕入額に応じて卸価格を設定する仕組みが標準であった業界の中で、商品を同じコストで仕入れられるはずはない。

でも、アマゾンではそのような困難な状況でもビジネスモデルの理念に従って、量販店トップをも凌《りょう》駕《が》する品揃えを目指した。スケールメリットを出すために、商品によって当面は赤字を出さざるを得なくても同等価格で販売する方法を貫き、メーカー、卸問屋に対して顧客求心力、販売力を示した。

かつて、その戦略が軌道に乗りアマゾンが日本市場で台頭し始めた当初、小売業界で「Showrooming（ショールーミング）」という言葉が注目されたことがある。家電量販店など実際の店舗で現物の商品を確かめた上で、購入するのはアマゾンでという顧客が増えた現象だ。

一時はショールーミングの増加が量販店などとの軋轢《あつれき》となり、販売チャネル（商品を販売する場所や経路）戦略上、アマゾンには商品を卸さないというサプライヤーが現れるようなこともあった。しかし、アマゾンへのトラフィック（訪問顧客数）がますます増加して、販路としての価値が増すほどにそうした軋轢《あつれき》は解消していった。そのことを振り返ると、特にアマゾンを敵対視していたヤマダ電機がアマゾンのマーケットプレイスに出品をしたり、オリジナルテレビ（船井電機製）にアマゾンのＦｉｒｅＴＶが搭載され、２０２２年２月に両社長による合同記者会見をしたことは時代の流れを感じる。

アマゾンの圧倒的な品揃えは、マーケットプレイスが支えていることも見逃せない。マーケットプレイス全体を管理、運営するのは「セラーサービス事業本部」で、私は２０１４年から２０１７年までこの部署の事業本部長を務めていた。現在、アマゾンジャパンのマーケットプレイスへの出品者は数十万店（中小企業16万社以上を含む）[27]におよび、品揃えしている商品点数は数億点に達している。私が事業本部長であった３年間にもマーケットプレイスの拡充を推進。日本国内だけでなく、欧州、アジア、中国などの販売事業者の出品を進め、日本の顧客の選択肢の幅を広げてきた。

さらに、中古自動車、ウェディングサービス、掃除サービス、墓守、お坊さん便など多くの商品やサービスなどをアマゾンで顧客が簡単に購入できるようにした。

豊富な品揃えを目指すとはいえ、商品の特性はいくつかに分類して考えられている。まず、顧客のニーズが高い商品は「重要商品」と位置づけられる。この重要商品を在庫して、それらを最速で出荷できる体制「Fast Track（ファストトラック）」を構築している。

通常、小売店舗の在庫数はバイヤーがメーカーとの交渉状況や経験、過去のデータによる売上予想に基づいて管理されているだろう。アマゾンでは全てデータのみに基づいて管理されている。

【重要商品】

その商品がサイト上で見られた回数を一般的には「ページビュー」と呼ぶが、アマゾンでは「Glance View（グランスビュー）」と呼び、見られる回数が増えると自動的にメーカーに発注されて在庫が増やされる仕組みになっているのである。

以前は「イメージセレクション」と呼ばれていたニーズの高い重要商品は、在庫を切らさないようにし、倉庫で在庫する際も取り出しやすい棚の下段に配置して、よりスムーズで迅速な配送ができるように徹底した。低価格に加えて常に在庫があり商品がすぐに届くというその迅速さの印象（イメージ）を顧客に持ってもらうという意味が込められていた。

【ロングテール商品】

前述のように、それほど頻繁に売れることはない商品でもできる限り在庫を備えておくロングテールの考え方は、面積や棚の数に制約を受ける実店舗にはなかなか真似のできないところだろう。

Eコマースであるアマゾンのストアに「商品陳列棚」の制約はない。販売が終了したモデル、大型商品、マニア向け商品、初上陸ブランドのアイテム、工房系商品、海外限定販売アイテムなど、ロングテール商品としてアマゾンが販売している商品は多岐にわたる。

その商品の在庫を持つかどうかというロジック、判断は多岐にわたるのでここでは割愛するが、在庫は1点のみ、もしくは持っていないという商品も多く、前述のグランスビューの数の増加による需要の高まりが見られると、補充され在庫点数が増えていく。逆に一定期間売れなければ、自動的に小売業界で「マークダウン」と呼ばれる値下げ販売をすることになる。

数多くの販売商品でできる限りの商品の在庫を持つことで、多様な顧客の要求に応えることができ、「アマゾンに行けば何でも揃っていて、すぐに届く」という認知の向上に繋がっていく。ひいては、顧客満足度向上により、登録顧客数、アクティブ顧客数（定期的に購入をする）、購入頻度、購入品数が拡大し、全体の販売数量や売上額の増加、ビジネスの成長へと結びついていくという考え方を愚直に実践しているのだ。

【価格戦略商品】

価格戦略といっても、たんなる安値戦略ではない。アマゾンが認めた高品質な商品を、できるだけ低価格で届けるためのプライベートブランド（自主企画商品）拡充戦略を意味している。

ケーブル類、電池、バッグ、オフィス用品などさまざまなジャンルでアマゾンが保証する高品質商品を低価格で提供する「Amazon Basic（アマゾンベーシック）」。ミネラルウォーターや米などの飲料、食品を厳選した「Happy Belly（ハッピーベリー）」。紙おむつなど育児アイテムを集めた「Mama Bear（ママベアー）」。ペットシーツや猫砂などをメーカーと共同開発した「Wag（ワグ）」。毎日使うベーシックな食品や日用品を厳選した「SOLIMO（ソリモ）」など、プライベートブランドの開発と品揃えの拡充に注力している。アマゾンが商品企画をして製造者から直接仕入れることで中間マージンを削減している。

2 価格

同じ商品に対して、一般的な流通価格と比較して最安値レベルと同等の価格を顧客に提示するのは、アマゾン創業当初からの「理念」である。

私が入社した頃は、担当のバイヤーが商品の販売価格を手動で設定していた時期もあったが、現在、価格設定は１００％自動化というイノベーションで支えられている。価格設定という商売にとって重要な判断を自動化することで、膨大な品揃えを持ちながら、限られた人数のバイヤーで商品を管理することができる。結果、人件費の節約にも繋がり、低価格を実現することができる一つの理由となっている。

ネット上を巡回するロボットで競合他社の価格設定をチェックして自社サイトの価格設定に反映させるシステムは、今では専用のソフトウェアが市販され一般的な方法になりつつある。しかし、アマゾンではかなり以前から独自に開発したシステムによって実施されてきた。

この「価格マッチ」と呼ばれる仕組みの詳細を明かすのはビジネス倫理に反するので控えるが、概要を紹介しておく。各商品カテゴリーにおける競合他社のＥコマース店舗を、定期的にロボットが巡回して同一商品の価格を調べてアマゾンの価格設定に反映するようになっているのだ。

もちろん、送料込みなのか、在庫があり即納できるのかといった点も細かく考慮するシステムが構築されている。現在ではレベルは異なっても類似のシステムを使用するＥコマース店舗が多いので、お互いのロボットが不必要に値下げを繰り返す問題があったり、また、競合他社からの価格チェックを防止するため特定のＩＰアドレスからのアクセスを制限したりしているＥコマース店舗もある。

通常、小売店が安値を設定するのは、倒産横流れ品、廃盤商品など特殊な事情で安く仕入れることができた商品で、それらを安値に設定し客寄せ的にチラシで集客をする。そして、利幅の大きな他の商品も一緒に購入してもらうことで利益率のバランスを取る「プロダクトミックス」という考え方で販売されていることがほとんどだ。

でも、アマゾンでは自社で直販する全ての商品について、常に競合他社の最安値にマッチするように設定されている。当然のことながら、最安値を徹底するアマゾンはそもそも利益が出にくい構造になっているということだ。

しかし、徹底的に対競合他社の最安値同等を提示することで「他店舗との価格はもう比較する必要はない」という顧客の信頼を得てトラフィックが増加する。そうすればスケールメリットによって仕入れコストや流通コストを下げることができるという、まさにフライングホイールが示す理念によって、アマゾンの低価格戦略は支えられている。

ただ、この価格に対するアマゾンの「基準」は、昨今ではコスト改善ができず利益が出ないものは、直販部隊は仕入れをやめて、マーケットプレイスの販売事業者に顧客への販売を依存せざるを得なくなっている商品もある。価格における顧客中心主義の限界にも直面している。

3　利便性

品揃え、低価格、利便性はまさに三位一体となってアマゾンの強みとなっているのだが、アマゾンが追求する幅広い「利便性」の具体例として、いくつかのポイントをピックアップしておきたい。

まず、配送のスピードと品質に対する姿勢である。アマゾンでは「当日お急ぎ便」「お急ぎ便」といったスピード重視の配送オプションを用意。さらにエリアや商品は限定されるが、最短2時間（1時間以内の場合は別途送料がかかる）で商品が届く「プライムナウ」というサービスをプライム会員限定（専用アプリを使用）で２０２1年3月まで提供していた。

アマゾンジャパンだけで数億点（マーケットプレイス含める）といわれる品揃えを全て在庫して、スピーディなロジスティクスに乗せていくのは不可能である。だが、数千万点の商品が、当日、もしくは翌日には届けられる仕組みが確立されているのである。

現在、日本国内にあるアマゾン独自の配送センターであるフルフィルメントセンターは

18カ所。顧客の信頼に応えるべく、迅速なロジスティクスの確立を愚直に実践し続けている。

残念ながら販売する商品点数や個数が激増し、外注している配送業者のキャパシティを超えてしまうことで、かつてと比べて配送スピードが少し低下（当日お急ぎ便などの最終受注時間が早くなっている）しているのも事実である。とはいえ、お急ぎ便を選択した顧客に圧倒的な商品数を当日、翌日配送を行うことを実現しているのは、アマゾンならではの利便性の追求といえる。

アマゾンのストアで商品を選んでいると、「カートに入れる」「今すぐ買う」などのボタンが表示されているアイコンマークの中に、たとえば「8／25日曜日（翌日）にお届けするには、今から15時間11分以内にお急ぎ便を選択して注文を確定してください」といった時間表示が表示されていることにお気づきだろうか。

アマゾン内部で「カウントダウンタイマー」と呼ばれているシステムだ。膨大な量の物流を扱いながら、リアルタイムで当日、翌日を含む配送を確約する発注時間のタイムリミットを表示するのは、実は簡単なことではない。そして、それがまた他のEコマースサイトに対するアマゾンのアドバンテージとなっている。

２０１３年には佐川急便がアマゾン商品の配送を縮小[28]。ヤマト運輸や日本郵便などが高い配送品質を支えているが、アマゾンの流通量がますます増える中で大手宅配業者だけでは厳しくなっている状況もある。

そのような状況の中で、アマゾンでは「デリバリープロバイダ」（詳細は第４章で述べる）と総称される各地域の運送業者との連携を進めるほか、アマゾンが個人事業主のドライバーに直接業務委託して配送する「アマゾンフレックス」という新しい仕組みを導入し、物流の自前化を推進している。

そのほか、各エリアの配送センターから顧客の元へ届ける過程である「ラストワンマイル」（詳細は第４章で述べる）を強化しているのも利便性である配送スピードを維持、改善するためだ。

利便性に関わる二つ目のポイントとして「検索の容易性」が挙げられる。アマゾンで商品を検索すると、一つの商品は一つのカタログページのみに表示され、複数の販売業者が扱っている場合には「新品の出品：83　￥９３６より」といった出品業者数と最低価格が示されるテキストリンクをクリックすることで、販売事業者ごとの価格などが別ページで表示される仕組みになっている。

これは「シングルディテールページ（一つの商品詳細ページ）」と呼ばれているアマゾンの商品カタログの「基準」だ。つまりその「商品」に関する詳細説明ページ、カタログは、どれだけ多くの業者が扱っている場合でも、アマゾンの中には1ページ、1情報しか存在しないということである。

商品詳細の説明内容については、アマゾンが徹底的に磨き上げたカタログのテンプレートであることはいうまでもない。引き合いに出して恐縮だが、たとえば、今でこそ改善しているようだが、楽天市場で具体的な商品名を入力して検索すると、同じ商品を扱う店舗の商品ページへのタイトルリンクが数多く表示される。

リンク先の店舗によっては、同じ商品なのに商品説明のスタイルや内容もバラバラだ。利用する顧客がスムーズにお目当ての商品選択の最適解に辿《たど》り着くのは至難の業《わざ》といっていい。シングルディテールページがもたらす検索の容易性も、多くの顧客がアマゾンを選ぶ理由となっている。

さらに、通常はアマゾンで推薦する最適な販売事業者から購入することが多いが、もし、シングルディテールページから取扱業者一覧のページに行くと、たとえば同じ商品を扱う業者が50店あったとすると、その50店に順位を付けて表示している。顧客にとってどの店で買うのがベストの選択か、最も重要な基準となるのが価格である。それも、送料まで考慮した送料込み価格順にソートされている。

アマゾン直販の場合は送料込みとなっているが、マーケットプレイス出品者の場合、送料は別途設定しているケースもある。業者一覧のページでは、商品の販売価格だけでなく送料まで含めた合計価格で「どこが安いのか」一目瞭然なのである。出品者の価格のほうが安く、在庫があり迅速に配送、そして顧客からの評価が高ければ、たとえアマゾンが直販で販売している商品であっても、最安値で販売している販売業者が上位に表示されることの「基準」は、顧客中心主義の真骨頂だ。

さらには、以前は多くの顧客が価格比較サイト（価格．ｃｏｍなど）で、最安値で販売するＥコマースストアを探し購入していたのが、今では価格比較もせずアマゾンで購入するようになっている。これは、顧客がシングルディテールページを活用、アマゾン直販を含む多くの販売事業者の中から価格、納期などが最適なところから購入できることを理解し、安心してアマゾンから購入しているからだ。前述の低価格戦略、配送スピードと品質への信頼、そして、それをわかりやすく表示するこのシングルディテールページが顧客の購買行動までも変えてしまったのだ。

カタログの見やすさも顧客の利便性向上に貢献している。

商品詳細ページのフォーマットや、商品画像の背景は白で統一され余計な背景は取り除かれている。顧客はどのカテゴリーの商品を探す場合でも商品そのものを確認できわかりやすいという利点がある。ブランド名、価格や納期、商品仕様といった情報も決まった場所に表示されているので、見逃すリスクも抑えられる。個別のショップごとにカタログの内容がバラバラだと、たとえば色、サイズバリエーションが多い商品の場合には選択ミスなどが起こりやすく、顧客に対して親切とは言いがたい。

カスタマーレビューの仕組みをEコマースで最初に採用したのもアマゾンだ。批判的な意見も排除せずにそのまま掲載しているので、当初は賛否両論だった。メーカーにすれば批判的な意見がカタログページに掲載され商品イメージの低下、売上減となる可能性があるので、「なぜわざわざこんな意見を載せるんだ」という思いだったろう。

でも、あくまでも「基準」はカスタマーエクスペリエンス優先で、その後カスタマーレビューはネットショップの常識として定着していった。カスタマーレビューの充実は、商品を選択する際の公平な参考情報として顧客の利便性向上に繋がり、結果、ストアとしての信頼感を高めている。

このほかにも、細かく挙げていけばきりがないほど、アマゾンのサービスは顧客の利便性向上が徹底されている。クレジットカードやコンビニ、ATM、ネットバンキング、電子マネー払い、代金引換、携帯電話決済など、多様な決済方法への対応。顧客各自の検索や購買履歴に基づいたパーソナライゼーション表示（個人向けカスタマイズ）や、リコメンデーション（オススメ商品の表示）などの機能も、利便性を追求した機能といえる。

顧客の利便性追求へのチャレンジは、ベーシックなＥコマースビジネスの枠に留まらない。２０１５年にリリースされた「アマゾンダッシュ」は画期的な仕組みが話題となった。提供されたいくつかの仕組みの中で、ことに注目されたのが「アマゾンダッシュボタン」という専用デバイスである。

キッチンペーパーや洗剤といった日用品のお気に入り商品を注文するための専用デバイスで、ボタンを押すだけでアマゾンへの注文が完了して商品が届く。一度ボタンを押すと、商品が届くまでは何度ボタンを押しても注文されることはなく重複注文を防止。デバイスは５００円程度で販売されたが、ボタンによる初回注文時に割引があり、デバイスは実質無料で提供するというサービスだった。

この仕組みは「いつも使うモノをアマゾンで簡単に購入する」という利便性に優れたカスタマーエクスペリエンスを提供し定着させた。ダッシュボタンによるビジネスそのものは好調だったが、スマートスピーカー「エコー」を通じて音声で注文する「Alexaショッピング」など注文方法のさらなる進化を見据え、2019年3月に「役割を終えた」としてダッシュボタンというデバイスの販売は終了。サービスの形態は次のフェーズへ進化を遂げようとしているところである。

２０１５年にサービスが開始された「アマゾンペイ」というサービスもユニークだ。これは、アマゾン以外のＥコマースサイトで買い物をする場合でも、アマゾンのアカウントがあれば氏名や住所といった情報を入力して個別に会員登録することなく、最短２クリックで決済ができる利便性を顧客に提供、アマゾン以外のＥコマースサイトでの買い物でも、アマゾンのポイントが付与されるものもある。

翌年にはこの決済サービスに楽天も参入。その後さまざまな決済サービスが誕生しているが、Ｅコマースを手がける業者にとって、クレジットカード決済と同様に備えておくべきスタンダードな決済サービスの一つになっている。

競合である他のＥコマースサイトに決済サービスを提供し、さらにアマゾンの顧客を送客するのは、競合を育てる行為と捉えることもできる。実際に、たとえばアディダスやオートバックスといった自社が運営するＥコマースサイトをもちながら、アマゾンのマーケットプレイスにも出店している事業者は多く、アマゾンとしてはアマゾン上で買ってもらったほうが利益が大きいのは当然だ。

しかし、顧客の全てがアマゾンだけで買い物をするわけではなく、そうした顧客の利便性を考えると、アマゾンのアカウントで手軽に決済できるサービスが有意義であるという顧客中心主義の発想から生まれた利便性の高いサービスといえる。

ちなみに「ポイント制度」はアマゾングローバルの中でも日本だけが導入している仕組

みである。

アマゾンは常日頃「競合のことは考えない」と明言しているが、実際には詳細な競合他社の分析を行い、自らのサービスの課題が見つかれば積極的に改善を重ねている。社内には「ベンチマーキング」という専門部門があり、実際に競合他社より商品を購入し配送サービスのスピードやその他サービスについて定点観測をしたり、重要項目ごとに継続調査をしている。

楽天が実施して日本のＥコマース利用者に定着していたポイント制度を採用したのは、日本独自のビジネス環境の中でアマゾンの強みを最大限に活かすために、楽天の顧客ロイヤリティーの醸成と楽天経済圏でポイントが使える利便性を意識した楽天対抗策であったといえるだろう。

ただし、アマゾン直販商品でもメーカーによってポイントを付与したりしなかったり、また、マーケットプレイスに出品する事業者に対して、アマゾンがポイントの付与を強制することはないので、アマゾンでの買い物でポイントが付く割合にはかなりばらつきがある。楽天では全てのショップで均一なポイントが設定されているのとは異なっているのだ。

一方、楽天ではメール送付を拒否するチェックボックスを選択しないと一度買い物したそれぞれのショップから頻繁にダイレクトメールが送られてくるが、アマゾンではマーケットプレイス出店者から顧客に直接メールが行くことはない仕組みになっている。アマゾンでは顧客へのダイレクトメールについて、その効果や顧客の利便性を綿密に考慮して、ダイレクトメールの発信は、効果的なメールのみを選択するアルゴリズムを通じて、週に数通程度と定められている。顧客目線での利便性を考え、販売事業者からの一方的な情報をコントロールするものである。

このほか、コンビニ払いも日本だけで採用されている仕組みである。クレジットカードの使用が進んでいる欧米に対し、クレジットカードの個人情報取扱への不安、学生などカードを持たない顧客が多く現金払いが残る日本で、利便性を高めた措置だ。

アマゾン社内の合言葉「ファンダメンタル」を支える「イノベーション」

アマゾンではよく、「Fundamental（ファンダメンタル）」という基本、根本、抜本的という意味の言葉が使われる。私もよく使った言葉の一つである。たとえば、私に対してチームメンバーから新規プロジェクトを提案してきた時に、複雑なことを考えすぎていたり、アマゾンのビジネスモデルが欠如していたりすると、「ファンダメンタルはどうなってるの？」と問いただしたことがたびたびある。

多くの場合は、品揃え、価格、利便性というアマゾン戦略の３本柱を指している。そのファンダメンタルを支えているのが「イノベーション」である。イノベーションは技術革新を意味する言葉だが、新しい切り口や概念の発見もまたイノベーションの一つである。

３本柱それぞれの説明の中でも触れてきたが、たとえば在庫やメーカーへの発注管理についても、現在ではほとんどの事務作業がＩＴによって自動化されている。それも、売れた分だけ発注するといった単純な仕組みではない。過去の売上データや季節要因などを踏まえて需要を予測、最適な在庫数を割り出して自動的にサプライヤーに発注する。

さらに、価格設定も自動である。たとえば天候不順などイレギュラーな要因で売れ行きが需要予測を下回って在庫がだぶつくようであれば、自動的にマークダウン、すなわち売れるまで値下げする。

メーカーなどのサプライヤー管理についても、どんどん自動化が進められている。アマゾンでは「ベンダーセントラル[29]」という管理ツールを開発。ベンダー（サプライヤー）が独自にアマゾン向けの受注管理、在庫割り当てなどの商品管理が行える環境を提供している。

ＩＴ技術を駆使したシステムの提供によって、サプライヤーの営業担当者とアマゾン側のバイヤーが直接会って商談するといった手間は減少、サプライヤーにとっても人件費や販促費を大幅にカットできるメリットをもたらしている。

全国に店舗を展開する量販店やスーパーマーケットなどへの営業のために各メーカーが抱える営業マンは数百人にも及ぶ会社もあるが、アマゾン担当は1～2名の営業マンを配置すれば全国を網羅する販売ができるのだから非常に効果的である。

ベンダーセントラルのシステム上でサプライヤーに提供される情報は、とても価値があるものだ。[30]たとえば、週次で各カテゴリーや各商品ごとの販売数の推移、在庫数の増減、機会損失（商品を見たのに購入しなかった人の割合など）の増減などを確認することが可能になっている。

仕入れ、在庫、配送など、Ｅコマースにおけるあらゆるビジネスフェーズにおいて、アマゾンでは圧倒的な技術力でＩＴ化＝自動化を進めるとともに、カスタマーレビューが象徴するような、Ｅコマースに対する発想の転換ともいえるサービスを意欲的に導入している。

不断のイノベーションを重ねてきたことが、競合サービスとの大きな差となっているのである。

第4章　アマゾンのストロングポイント

アマゾンの強みとは何か

企業としての基本理念や長期的戦略を通じて、アマゾンのサービスの概要を確認してきた。本章では、アマゾンが多くの顧客の生活になくてはならないサービスとなり得ている「強み」について、いくつかのポイントをチェックしていきたい。

「マーケットプレイス」へのシフト

アマゾンジャパンの品揃えはおよそ数億点であると前述したが、商品数のみの割合からするとほとんどはマーケットプレイスでの出品である。アマゾンが標榜《ひょうぼう》する「地球上で最大の品揃え」は、マーケットプレイスの成功と成長が支えている。

とはいえ、アマゾンを利用する顧客が「アマゾンではなくマーケットプレイスから買っている」と意識することはあまりない。マーケットプレイスに出品する多くの販売事業者が「FBA（フルフィルメント・バイ・アマゾン）」と呼ばれる在庫配送代行サービスを利用している。顧客にしてみれば、アマゾンのサイトで購入した商品は、アマゾン直販品と同じ箱に入って同じ配送スピード、品質で、さらに配送料は無料で届けられる。

第三者が出品するマーケットプレイスのサービスを開始する当初、アマゾンにとっての懸念は、アマゾンの矜持《きょうじ》である配送品質や低価格の維持をコントロールできないという点にあった。でも、販売事業者がＦＢＡを利用しやすくすることや、シングルディテールページによる販売者間の価格競争の明確化によって、マーケットプレイス全体のサービスレベルの向上を果たしている。現状で満足することなく、「基準」を引き上げることにより実現したことだ。

さらに、マーケットプレイスからアマゾンが得る収益は定額の出品料や、販売取引ごとにおおむね８～15％[31]程度の手数料である。アマゾンが直接仕入れて販売する場合、たとえば10％の粗利を確保することが簡単ではない商品であったとして、マーケットプレイスなら価格設定をするのは販売事業者であり、アマゾンは販売事業者の利益率には関係なく手数料を得ることができるのである。

その価格設定であるが、アマゾン直販商品は競合他社と価格を合わせているので安価、要はコントロールできているが、販売事業者の商品の価格を法律上アマゾンがコントロールすることはできない。

前述のように、販売事業者同士が競争し合って価格が適切になる自然最適化作用に加えて、販売事業者が出品管理をする「セラーセントラル」というシステムツールには競合他社の価格に合わせた販売推奨価格が出てくる。もちろん、販売事業者がこの価格に合わせるかどうかの保証はないが、アマゾンはできる限りの施策でアマゾン全体、すなわちアマゾン直販だろうが、マーケットプレイスにおける出品者だろうが、顧客が価格や配送スピードに差を感じないように「基準」を引き上げる仕組みを作り上げている。

需要が高い重要商品はアマゾンが直販し、ロングテール商品はマーケットプレイスで拡充する。もちろん、マーケットプレイスでの商品についても、価格、配送、返品、カスタマーサービスなどはアマゾン品質をキープする。

このアマゾン直販とマーケットプレイスのハイブリッド方式を顧客に提供できるのが、アマゾンの大きな強みになっている。これが、たとえば楽天は100％マーケットプレイス同様の第三者による販売であり、逆に大手量販店などのEコマースサイトはほぼ100％が直販だ。アマゾンは顧客の需要が高い商品は、直販部隊が仕入れ、在庫管理をし、適正価格を維持し、顧客の大きな信頼を得る。その信頼がマーケットプレイスにも広がり、そこに直販だけではとてもカバーすることができない品揃えを持って出品する第三者である販売事業者が顧客に品揃えという利便性を提供する。いわば顧客、販売事業者、アマゾンのＷｉｎ－Ｗｉｎ－Ｗｉｎな関係なのである。

ユニーク商品と販売拡大の模索

アマゾンジャパンでマーケットプレイスのサービスが始まったのは２００２年。２０１８年にはグローバルの流通総額の58％をマーケットプレイスでの売上[32]が占めるまでになっている。ジェフ・ベゾスが２０１６年度の年次決算報告書（アニュアルレポート）で、プライム、ＡＷＳ、マーケットプレイスという三つの戦略を最重要視していると明言したことは前述した。今後もますますマーケットプレイスの拡充が進んでいくだろう。

販売事業者がマーケットプレイスを選択するのは、相応の魅力や利便性があるからだ。新規事業者の登録方法、「セラーセントラル」と呼ばれる販売管理ツールの機能や利便性、配送代行サービスである「フルフィルメント・バイ・アマゾン（ＦＢＡ）」の提供や「アマゾンレンディング」と呼ばれている運転資金の融資システム、さらには販売事業者の海外進出サポートである「グローバルセリング」や「スポンサープロダクト」などの低コストで販売に結びつく広告システムなど、販売事業者へのフォローは手厚い。販売事業者にとっての利便性やメリットはどんどん大きくなっており、アマゾンが独自にイノベーションを積み重ねてきたサービスの完成度は高い。

マーケットプレイスへの出品は中小企業が多いのだが、実は大手小売事業者の出品も多くある。日本での例を挙げると、成城石井や高島屋、ビックカメラやヤマダ電機といった企業がマーケットプレイスに出品、たくさんの商品を販売している。アマゾンを競合と捉える一方、自社ではアプローチできないアマゾンの顧客セグメントへの販売、最先端のEコマースの実践的な経験とノウハウの取得などを目的とし、アマゾンを上手く利用しながら販売を継続している。もちろん、アマゾンは競合なので絶対に出品しないという頑《かたく》なな会社があることも事実である。

出品をしている販売事業者の立場からすると、楽天市場のようなショッピングモール内にストアを保有する出店形式ではないため、マーケティングEメールなどで自社ストアに顧客を誘導し販売することができない。あくまでも商品一点一点の出品で、シングルディテールページによりアマゾン直販部隊を含めた他出品者と価格などで競合しなければならないので、販売拡大には価格、納期などのファンダメンタルな点を強化しなければならない。加えて他社が販売していないユニーク（唯一）商品の拡大を強化し販売拡大を模索していく必要がある。

シャッター通りの商店主のサクセスストーリー「アマゾンドリーム」

顧客中心主義を貫くアマゾンだが、マーケットプレイスに出品する販売事業者も、ある意味ではアマゾンにとっての顧客であり、そうした事業者へのサービスレベルも抜かりなく向上させている。実際にマーケットプレイスを管轄するセラーサービス事業本部では、顧客でありビジネスパートナーでもある販売事業者の売上向上施策に力を注いでいる。

決められた販売手数料を支払うだけで、販売事業者はアマゾンが有する日本国内の数千万人の顧客にアプローチすることが可能であり、マーケティングや配送業務はアマゾンが担《にな》ってくれる仕組みがあるので、商品開発、商品調達などに注力できるようになる。大手販売事業者にとってアマゾンはすでに無視することができない「売り場」であり、中小の販売事業者にしても使い方によって大手事業者に対抗することができる公平な仕組みが構築されているのだ。

日本のマーケットプレイスに中国の業者が多く出店しているように、たとえば日本の事業者が欧米への進出を進める際にも、アマゾン、そしてマーケットプレイスのサービスを活用すれば在庫や流通などさまざまな初期投資を大幅に抑えることが可能になる。

日本では今、地方の衰退が深刻で、商店街がシャッター通りになってしまっている町も少なくない。ところが、ある商店主がマーケットプレイスにチャレンジしたら大ヒット、シャッターの裏側では商品の企画選定や管理業務に大忙しといった「アマゾンドリーム」とも呼ぶべきサクセスストーリーが、実は結構存在している。

２０１９年８月15日付の『Ａｍａｚｏｎ ブログ Ｄａｙｏｎｅ』には、兵庫県丹波《たんば》市の老舗《しにせ》酒蔵が豪雨による土砂災害からアマゾンでの出品事業を開始し、ＦＢＡ、カスタマーレビューなどを使いながら復活したエピソードが掲載されている。

また、２０１９年８月29日付で紹介されているのは、新潟県燕三条《つばめさんじょう》市で傾きかけていた会社が２００７年からアマゾンでの販売を始めて事業転換に成功したエピソード。アウトドア用商品の自社ブランドを立ち上げて、ＦＢＡを利用しながら販売数を拡大。今では全国のみならず海外への販売も成功している。[33]

さらには、私がマーケットプレイスの統括時代にアマゾンストーリー（今はないが、アマゾンを利用し新たなチャレンジをした人たちの紹介）で紹介したのは、大阪の老舗の靴屋を継いだ４代目の話である。

靴屋も続けながら、自分の人生を支えてくれたジャズに恩返しがしたいと小さなジャズレーベルを立ち上げた。毎月１枚リリースしていくと全てのＣＤが店頭では並べられず紹介できなかった。存続の危機だったが、アマゾンに出品を開始したところ、昔のＣＤにも光があたり徐々に販売が拡大。今ではアーティストを日本に招致、コンサートを開催し、アーティストと顧客とを繋げることができているそうだ。

神戸で創業し、阪神淡路大震災も乗り越えてきた靴問屋は２００８年頃には不況の影響で主要な取引先をほとんど失った。「両親が長年守ってきた会社を失いたくない」。そこで２００９年に他のＥコマースモールで販売を開始したものの、うまくいかなかった。アマゾンでも販売を開始。商品を登録するだけで簡単に販売できる。商品情報を充実させることで売上が伸びることに気づき、「顧客目線」でいろいろと工夫を重ね、顧客から反応が返ってくるので仕事が楽しくなった。3年で売上は5倍、倒産の危機から脱した。

これらの例のように、アマゾンのマーケットプレイスに出品することにより、倒産の危機などから脱した、もしくは自分の夢をかなえることができた、「アマゾンドリーム」がある。他にもたくさんの成功のストーリーを耳にして胸が熱くなったものだ。

運転資金の融資システム「アマゾンレンディング」

運転資金を融資する「アマゾンレンディング」の仕組み[34]もユニークだ。

通常、中小の小売事業者が銀行などの金融機関から融資を受けるためには煩雑な手続きや審査が不可欠で、融資が実行されるまで場合によっては1カ月以上もかかることもあるそうだ。それが、金融機関の「基準」である。でも、アマゾンレンディングの場合、マーケットプレイスでの実績があれば審査なしで一定額の融資を受けることができる。

実際には、アマゾンのシステム側で過去のアマゾンのマーケットプレイスにおける販売実績やFBAに預けている在庫金額などをベースに自動的に与信枠を計算し、「セラーセントラル」と呼ばれる出品管理システムの画面に、〝今あなたの会社には500万円まで金利5%で融資できますよ〟といったインフォメーションが表示される仕組みになっている。もし運転資金が必要な状況であれば、その案内をクリックするだけで翌日には資金が振り込まれる。たとえば、夏場を迎え、エアコンを仕入れたいが資金がショートしており、一時的に夏季限定で在庫を積み増す仕入れ資金が必要な場合などが対象となる。「Working backwards from Customers」、まさに事業者の立場になって考え、アマゾンらしい「基準」を定めた例といえる。

日本でアマゾンレンディングの提供がスタートしたのは2014年。当時、私はこの事業も統括していたのだが、折しも当時話題になり始めていた「フィンテック（ファイナンステクノロジーの略語）」の好事例としてしばしば講演会などにも呼ばれたほど、この画期的な仕組みは注目された。

　このアマゾンレンディングのサービスは貸付金の回収まで含めてほんの数人の担当者で回していた。ＩＴ技術によって自動化を徹底し、効率的なシステムを作り上げたからこそのこと。まさにイノベーションの威力を実感できる経験だった。

配送代行サービスと決済代行サービス

　販売事業者の立場で考えると、アマゾンのマーケットプレイスに出品するからといって商品在庫を全てアマゾンに預けてＦＢＡで配送を委託するのは難しいケースがある。ひとつは、自社Ｅコマースサイトや楽天市場、ヤフーショッピングなどの他のＥコマースの店舗でも同じ商品を販売している場合だ。

　アマゾンだけで販売をしているのであれば在庫は全てアマゾンに預けてしまうほうが便利だが、他のサイトで売れた時に顧客に発送する商品がないのはあり得ない。そこで、アマゾンが提供しているのが「マルチチャネル」というサービスである。一定の手数料を払えば、アマゾンマーケットプレイス以外で出品しているＥコマースの店舗への注文にもアマゾンの配送センターから出荷されるサービスだ。

販売事業者にとっては在庫分散による在庫経費の無駄や物流のコストを大幅に削減できるメリットがある。かといって、たとえば「楽天市場やヤフーショッピングで買った商品がアマゾンのロゴ入りの箱で届くのは顧客が混乱する」という声に応えて、ブラウンボックスと呼ぶ無地の段ボール箱で発送するサービスまで提供している。

また、アマゾンペイと呼ばれる決済代行システムを自社運営販売サイトに導入すると、アマゾンの顧客はamazon.co.jpで登録しているユーザーIDとパスワードを使ってそのサイトの購入プロセスでログインすれば、配送先住所や支払い方法を入力する必要がない。これは、アマゾンの顧客の自社サイトへの取り込み、購入コンバージョン（転換）率アップに繋がる。

こうした他マーケットプレイスへの配送代行サービスやログイン・決済代行サービスは、他のEコマースサービスを利する面があり、普通の「基準」であればあり得ない。でも、アマゾンが重要視しているのは、事業者の立場で考えた時に、アマゾンに在庫を預けられないブロッカー＝障壁を取り除くことであり、そして、多くの販売事業者がFBAを活用し、マルチチャネルを利用することで、より多くの顧客がアマゾン品質の配送サービスを受けられるというメリットが重要なのだ。もちろん、販売事業者がマルチチャネルを利用することで人気商品の在庫がアマゾンのフルフィルメントセンターに集約されることになり、アマゾンが需要に対し在庫切れを起こすリスクを軽減でき、売上拡大に繋がるし、アマゾンの顧客が他サイトで購入してもサービス使用料が入るというアマゾンにとってメリットがある点も見逃せない。

このように、顧客中心主義をベースにした革新的サービスを継続的に提供し成長し続けるアマゾンを競合とみなすか、パートナーとみなすかの経営方針は、経営者がいろいろな観点から決めることである。

高品質なロジスティクスの確立

速くて確実、高品質な配送を実現する物流システムを確立していることは、アマゾンの大きな強みになっている。第1章で紹介したように、現在アマゾンが展開しているのは世界で21カ国のみ。意外と少ないのは、市場のサイズだけではなく高品質なロジスティクス、オペレーションを確立できる国にしか進出しないというアマゾンの矜持を示している。

日本国内においては、当日配送の人口カバー率が84％、翌日配送は96・7％[35]に達している。離島などもあるため１００％にするのは困難だが、世界的にみても特筆すべき優秀さといえるだろう。

このスピードはアマゾンの力だけで達成できているのではない。アマゾンでは顧客から受注したら素早く倉庫から商品をピックアップして梱包し、配送業者に引き渡す。配送業者は各業者の拠点となるセンターへ商品＝荷物を運び、「ラストワンマイル」と呼ばれる顧客の元への配送を的確な品質を保って行ってくれているのである。

現在、アマゾンの商品配送は大手では日本郵便とヤマト運輸がパートナーとなっている。アマゾンの日本進出当初は、日本通運が強力なパートナーだった。その後、佐川急便へと移ることになる。こうした日本国内の大手宅配業者はもともと高い配送品質をもっていたため、米国や他の国々に比べてアマゾンが求めるロジスティクスのクオリティを達成するハードルは低かったといえる。

日本でもアマゾンが成長し物流の量が急増するのに伴って、2013年には佐川急便がB2B（Business to Business＝企業間取引）へのシフトを理由にアマゾンからの扱い量を縮小。[36] ヤマト運輸への依存度が過剰となり、結果的にヤマト運輸のキャパシティーも限界近くになり、物量減及び料金値上げ交渉が行われているといった報道がメディアを賑わせたこともある。[37]

日本郵便やヤマト運輸とのパートナーシップはアマゾンにとって重要だ。とはいえ、顧客の信頼を得ている配送品質が、外部業者との関係によって揺らぐことがあってはならない。そうしたことから、地域に根ざした小さな会社や個人事業主のネットワークによる独自の物流網「アマゾンロジスティクス」を強化していくことに、大きな課題として取り組んでいるところである。

一つ目は、ヤマト運輸の配送個数縮小やアマゾンのビジネスの拡大による配送需要をカバーしたのが、デリバリープロバイダーと呼ばれるいくつもの中小の配送会社だ。アマゾンは急速にデリバリープロバイダーのネットワークを拡大していった。

二つ目は、アマゾンが個人事業主のドライバーと直接、業務委託して配送する「アマゾンフレックス」[38]という新しい仕組みを導入して、物流の自前化を推進している。荷物の配送を請け負いたい個人事業主はアプリで申し込みを行い、条件に合致する荷物があればその荷物を配送することで、アマゾンから配送料を直接受け取ることができる。

この仕組みは、昨今拡大しているUber Eats（Uberと契約した個人が自転車やオートバイで顧客から注文の入った飲食店から注文品をピックアップし顧客に届けるサービス）にも似ている。

大手の宅配業者は全てを自社で行なっているわけではなく、もともと、多数の請け負い事業者を使っている。一部ではかなりの低価格で配送を受けざるを得ない環境であったが、アマゾンから直接委託を受けると単価が高くなり、個人事業主にも大きなメリットがある

Ｗｉｎ－Ｗｉｎの事業モデルだ。ただし、生みの苦しみか、大手配送業者と比較すると新しい配送サービスの品質や習熟度が低かったり、サービスレベルが一定しないと感じている顧客もまだ多いだろう。実際に私の自宅マンションの場合でも以前の日本郵便、ヤマト運輸、デリバリープロバイダーとは違い、呼び鈴で在宅確認もせずに宅配ボックスに入れてしまうなど、質が落ちていると感じることが多々ある。

課題は、「ラストワンマイル」の効率向上

スピーディで高品質な配送を顧客にコミットしているアマゾンにとって、「ラストワンマイル」の効率向上は、今後に向けて改善を重ねるべき大きな課題となっている。

端的に言うと、再配達をいかに減らすかという課題である。国土交通省の調査によると、宅配再配達率は、２０１９年４月度の16％よりは改善するも、２０２１年４月度は11・9％にも達しており[39]、配送業者の大きな負担、すなわちコストの増大、さらには排気ガスによる環境への悪影響に繋がっている。

不在配達票を見て、再配達依頼をするのは顧客にとっても余計なひと手間となる。多様な顧客のニーズに対応して、確実、迅速に商品を届ける仕組みを構築するのは、結果的に

配送コストの削減となり、顧客の期待を裏切らないサービスとなっていくということだ。メールアドレスを登録してアマゾンで買い物をすると、「ご注文の発送」「ご不在の連絡」「配送完了」などのメールが律儀に届く。配達時間指定が注文時にできるようにしたことも重要施策だ。

また、コンビニ受け取りなどは、その対応策の一つ。以前はローソンと組んで、お店から顧客宅まで配送をしてもらったり、日本郵便と協力してメール便が入るポストを開発したり、荷物を受取人が指定する場所に置く「置き配」のサービスも提供している。

２０１９年９月には、さらに「Ａｍａｚｏｎ Ｈｕｂ」[40]と呼ばれるサービスが始まった。コンビニ店頭や鉄道の駅などに置かれるロッカーで配達された商品を受け取れる「Ａｍａｚｏｎ Ｈｕｂロッカー」と、スタッフが荷物の受け渡しをする「Ａｍａｚｏｎ Ｈｕｂカウンター」を設けるサービスで、顧客の利便性向上とともに再配達の負担軽減を進めている。

顧客の利便性を損なうことなく効率的に商品を届けるためのシステム改善は、アマゾンが現在最も注力している点の一つである。

ロジスティクスの新しい挑戦

２０１９年６月、ラスベガスで開催された「re:MARS」というＩｏＴ（Internet of Things＝モノのインターネットのことで、身の回りにあるあらゆるものがインターネットに繋がり連携することが可能になるサービス）に関する展示会イベントで、アマゾンは配送用ドローン「Ｐｒｉｍｅ Ａｉｒ」を披露して、アマゾンプライムでの配送に利用することを発表した。

配送拠点から半径15マイル（約24㎞）以内の顧客の元へ、５ポンド（約２・26㎏）以下の荷物を30分以内で配送可能であるとしている。「Ａｍａｚｏｎ Ａｉｒ」と銘打ったサービスとしては、２０１６年にアメリカで自社の物流用に運航する専用貨物機を40機導入したニュースも話題となった。２０２２年３月現在では80機を超える専用貨物機を保有し、ニューヨーク、サンフランシスコ、ロサンゼルス、シカゴ、オースティンなどに加え、２０２１年８月にはケンタッキー国際空港に東京ドーム52個分のハブ貨物施設を完成させた。

専用貨物機は広大な国土をもつ米国での話。ドローン配送は航空法との兼ね合いもあり、規模を大きくしにくく、すぐに日本でも実用化されるといった性質のサービスではなく、アマゾンらしいチャレンジの姿勢を示すデモンストレーションでもあるだろう。とはいえ、アマゾンが顧客との信頼関係に応えるロジスティクスを構築するために、コストや技術を惜しみなく注ぎ込んでイノベーションを重ねている点は注視するべきである。

高度で効率的な「マテリアルハンドリング」システム

ロジスティクスにとって重要なのはラストワンマイルだけではない。フルフィルメントセンターなどの配送センター、倉庫での商品のピックアップや梱包、出荷をコントロールする仕組みを物流業界では「マテリアルハンドリング」、略称で「マテハン」と呼ぶが、世界、そして日本各地のフルフィルメントセンターが高度なマテハンを整えていることもまた、アマゾンの大きな強みになっている。

世界中のアマゾン倉庫内での商品ピックアップの過程では、「ＫＩＶＡ（キヴァ）」と呼ばれるオレンジ色のロボットが活躍していることが知られている。アマゾンによって買収された会社が開発したキヴァのコンセプトは、庫内作業に従事する人が該当商品の棚まで移動するのではなく、その棚を作業員の近くまでロボットが運んでくることである。

キヴァは大きめの全自動掃除機ルンバのような形状だ。たとえば、商品ピックアップの過程を自動化しようとすると大がかりな設備や投資が必要になるが、数多くの棚からキヴァが的確に選んで作業員の元まで運んでくる仕組みであれば、大規模な工事や設備改修は必要ない。

大まかに言うと、梱包ラインは綿密な需要予測に基づいて、封筒や箱の大きさ別に複数のラインが組まれている。需要予測通りであれば、全ての梱包資材のサイズが商品サイズとマッチするのであるが、小さな商品ひとつだけを注文しても、やや分不相応な大きさの箱で送られてくることがあるのは、多少需要予測をオーバーした小さめの商品が、少し大きめのボックスのラインで梱包されるからだ。

アマゾンでは仕組みの進化や対応にスピードが求められる。コストを抑え、低価格で商品を顧客に提供するための効率化も重要な命題である。だが、予測できない需要の増減などに対して人的リソースだけで対応するのは限界があり、闇雲《やみくも》に自動化ばかりを目指すのも正しくない。人の関与を削減しながら、バランスの取れた自動化を徹底したアマゾン独自のマテハンが、世界最大級の物流を支えている。

ちなみに、贈り物用の梱包とメッセージカードの添付であるが、リボンを結んだり、メッセージカードを添える作業は人がやっている。機械的な自動化を進めるアマゾンがこの作業を手作業にしているのは何ともほほえましいことだ。クリスマスなどの繁忙期などは、私もこの作業を手伝いに何度かフルフィルメントセンターに駆り出されたものだ。顧客がプレゼントに込める気持ちを考えながら丁寧に、でも迅速を心掛けて作業したことを覚えている。

アマゾンが確立した高品質な物流、ロジスティクスは、ＦＢＡによって販売事業者にも提供されて、ロジスティクスそのものがアマゾンの重要なビジネスになっている。また、顧客に配送スピードをコミットするアマゾンのサービスが一般化することで、ことに日本国内ではロジスティクスそのものの「常識」が変化してきた。

ヤマト運輸が「クロネコメンバーズ」に対して荷物の配送状況を細かく通知、受け取り場所や時間を設定できるサービスを提供したり、ヨドバシカメラがアマゾンに対抗した配送サービスの充実を進めているのも、アマゾンがもたらした常識の変革といえるだろう。

圧倒的な品揃え、競争力のある価格、利便性の継続した向上を顧客に訴求することにより、ますます拡大しているアマゾンの販売。顧客はそのサービスの恩恵を受けている。しかし、需要があっても、配送能力の限界で顧客に配送できないという事態にならないように、再配達を削減する「アマゾンロジスティクス」との直接契約によって収入が拡大し継続性のある配送ドライバーの増大、新たなる配送方法などへのアマゾンの挑戦はまだまだ続く。

アマゾンプライムの拡大戦略

アマゾンプライムというサブスクリプション（定額サービス）モデルが定着しているのも、アマゾンの特筆すべき強みである。

今やサブスクモデルとして定額収入による売上及び利益への貢献、ロイヤルカスタマーの囲い込みを目論み、多くの企業が導入、模索しているが、アマゾンプライムは日本でのサービス開始は２００７年である。アマゾンのサブスクモデルは、年間３９００円で提供され、徹底的に顧客メリットを追求し、サービス内容はますます付加価値が拡大され、顧客のお得感が醸成されている。２０１９年に４９００円に値上げされても、サービス内容への高い顧客満足度から解約への影響は少なかった。このアマゾンの利益よりも投資を優先させスケールメリットを最大化させる戦略の上で成り立つサブスクモデルは誰でも真似できるわけではないが、顧客のメリット、アマゾンの「Life Time Value（ＬＴＶ）」、つまりは顧客生涯価値まで見据えた戦略とメリットをまとめてみたい。

アマゾンにとってのメリットは月々の会費が固定的な収益になることだけではない。プライム会員は当然ながら一般顧客よりも購入のリピート率が高く、一回当たりのバスケット価格（一度の購入金額、購入数）も高額であることがわかっている[41]。プライム会員の存在が売上を構成する「顧客数×アクティブ顧客×頻度×購入額」の増大に大きく寄与しているのだ。

有料であるにも関わらず、なぜアマゾンプライムは成功したのか。いくつかの要因を挙げることができるが、まず最も注目すべきなのが特典の多様さと豊富さ、高い利便性にある。具体的に、プライム会員の特典を列挙してみよう。

【プライム会員特典】

〈ショッピング特典〉

・**無料の配送特典**／通常２０００円以下の買い物の場合４１０円、お急ぎ便で５１０～６１０円の配送料が必要だが、プライム会員は全て無料となる。ただし、マーケットプレイスでアマゾン以外から出荷される場合、送料がかかることもある。

・**特別取扱商品の取扱手数料が無料**／サイズの大きな商品や重量の重い商品など、配送時に特別な取り扱いを要する商品に通常必要な手数料が無料となる。マーケットプレイス出店者によって例外があるのは送料と同様。

・**プライム・トライ・ビフォー・ユー・バイ**／服、靴、ファッション小物の対象商品を、購入する前に試着できる。商品は配送完了の翌日から自宅で最長７日間試すことができ、購入を決めた商品のみ代金が請求される。返品の送料はアマゾンが負担。

・**プライム会員限定先行タイムセール**／タイムセールの商品を、通常より30分早く注文できる。

・**ベビー用おむつとおしりふきの15％割引など（アマゾンファミリー特典）**／プライム会員が対象商品を定期おトク便で申し込む場合、自動的に追加で10％、合計で15％の割引になる。対象商品のページには「アマゾンプライム会員ならアマゾンファミリーからの特典として15％ＯＦＦで購入可能」である旨が表示される。

・**プライム限定価格**／対象商品を、通常の価格よりも割引されたプライム限定価格で購入できる。

〈デジタル特典〉

・**プライムビデオ**／会員特典対象の映画やＴＶ番組を無料で視聴できる。

・**プライムビデオチャンネル**／「ｄアニメストア for Prime Video」「スカパー！アニメセットfor Prime Video」「Ｊ ＳＰＯＲＴＳ」「月釣りビジョン セレクト」など、多彩なチャンネルの方法を月額定額料金で視聴できる。

・**プライムミュージック**／２００万曲以上の楽曲やアルバム、プレイリストを無料で楽しめる。
・**アマゾンミュージックアンリミテッド**／9000万曲の楽曲、音楽のエキスパートが選曲したプレイリストや、カスタマイズされたラジオを視聴できるサービスが割引になる。
・**キンドルオーナーライブラリー**／Kindle端末またはFireタブレットで、対象タイトルの中から好きな本を1か月に1冊、無料で読むことができる。
・**プライムリーディング**／対象のKindle本が追加料金なしで読み放題。
・**Twitchプライム**／アメリカTwitch社が提供するサービスで、Twitchのアカウントをアマゾンプライムのアカウントと紐づけることでいくつかの特典を得ることができる。
・**アマゾンフォト**／アマゾンドライブに写真を容量無制限で保存可能。

覚えきれないほどの特典が並んでいる。「プライム限定価格」以前のショッピングに関する特典、「プライムビデオ」以降のデジタルコンテンツやストレージ（データを記憶するための領域）に関する特典に大別できることにお気づきだろうか。

ショッピングに関する特典も多様だが、ことにお急ぎ便含む配送料が無料であることによって、会員は配送料負担による躊躇《ちゅうちょ》がなく買い物を楽しめ、迅速な配送サービスも享受できて、結果、顧客満足度を高める効果がある。

さらに、ビデオ、ミュージック、Ｋｉｎｄｌｅといったデジタルコンテンツが充実している点も、多くのユーザーがわざわざ会費を払ってでもプライム会員に登録するモチベーションとなっている。また、アマゾンで買い物をする習慣があまりなかった客層に対してコンテンツサービスを訴求することで、新たな顧客を掘り起こすことにも繋がっている。

なにより驚くべきなのは、こうしたプライム会員向けのサービスが、年会費わずか４９００円（月会費５００円）で提供されていることだ。前述のように２０１９年４月に１０００円値上げされたが、それまでは３９００円（月会費４００円）だった。月会費で考えると、毎月１回程度アマゾンで買い物をして、お急ぎ便送料が無料になれば元が取れる計算になる。

プライム会費がコンテンツに関する特典への対価と考えても、動画や音楽を配信する他社のサービスの月会費や年会費と比較すると、プライム会員に提供されるサービスがいかにお得感があるか理解できるだろう。低価格を徹底してトラフィックを増やし、スケールメリットでビジネスを成長させていく。アマゾンの基本的な理念と戦略はプライム戦略にも貫かれているということである。

しかも、プライム会員と同居する家族２人までは、アマゾンプライムの家族会員として登録可能であることも顧客中心主義のサービスだ。お急ぎ便やお届け日時指定便の送料無料などを含む特典を会員と共有できる。

ライフステージに合わせた仕組みを用意して、長期的にプライムメンバー獲得を図り、「Life Time Value（ＬＴＶ）」の拡大を見据えているのも周到な戦略である。

たとえば、プライム会員特典を半額で利用できる学生のためのプログラムが「プライムスチューデント」だ。プライムと特典は異なるが、子育て家族が子供の情報を登録すると、ポイントがプレゼントされて登録者限定セールに招待されるなどのサービスが受けられる「アマゾンファミリー」といったプログラムも用意されている。

ちなみに、米国でのアマゾンプライム会費は２０１８年５月まで99ドルだったのが１１９ドルに、２０２２年３月には１３９ドルに値上げされた。日本円にすると約１万４０００円にもなる。広大な米国のロジスティクスの事情などを考慮するとこれでも格安ではあるが、日本でも一度、値上げされたとはいえ、わずか年間４９００円という会費なのは、現在、スケールメリットを出すために、まだプライム会員数を拡大するステージであることがわかる。

アマゾンは、日本でのプライム会員数を公表はしていないが、２０２０年にはジェフ・ベゾスが、世界のプライム会員数が２億人を突破したことを株主に向けた書簡で発表している。

低価格で特典を提供し、ますますプライム戦略の強化に注力するのは、繰り返しアマゾンをショッピングで利用してくれる優良な顧客を獲得するという目的に加えて、プライムビデオやプライムミュージックといったコンテンツサービスでも大きなシェアを獲得してビジネスの規模を拡大させる狙いがある。日本でもより多くの会員がビデオやミュージックのコンテンツを利用し、そのベネフィット（便益）を実感するようになれば、将来的にある程度の会費値上げも許容される環境ができあがるはずである。値上げがいつになるかはわからないが、ますます、革新的なサービス内容が拡張され、日本の消費者の生活の一部になっていくのであろう。

「アマゾン」と「楽天市場」の決定的な違い

アマゾンのサービスがいかにユニークで強力か、わかりやすく理解を深めるためにアマゾン進出以前から日本国内でEコマースの一大プラットフォームとして普及してきた楽天市場と比較してみよう。昨今では、アマゾン、楽天市場の流通総額はほぼ同じと推測される。では、日本市場で先行していた楽天市場がなぜ、アマゾンの急成長を許し並ばれるまでになってしまったのか、顧客、および販売をする販売事業者の目線に立って、分析をしてみる。

販売形態と物流

アマゾンと楽天市場の最も大きな相違点は、アマゾンが自社で直販も行っているのに対し、楽天市場で商品を販売しているのは、ほとんど全て出店している販売事業者であることだ。

アマゾンは直販商品を販売するためにフルフィルメントセンターをはじめとする独自の物流網を構築している。しかし、楽天市場では、基本的に配送は販売事業者任せとなっていたため、配送サービスの充実化にはかなりの遅れをとっており、配送品質は不安定である。アマゾンにも販売事業者が出店するマーケットプレイスがあるが、ここでも前出のFBAサービスを提供し、配送の品質をアマゾンの高い「基準」に保つ施策が採られている。

楽天市場もただ手をこまねいていたわけではない。最近ではドラッグストアチェーンを買収し、子会社化して直販事業にも進出した。また、販売事業者の商品を預かって出荷を代行する物流センターを千葉県市川《いちかわ》市や兵庫県川西《かわにし》市、千葉県流山《ながれやま》市、大阪府枚方《ひらかた》市などに設けて「楽天スーパーロジスティクス[42]」と名付けた総合物流サービスの提供を始めている。

　当日配送、翌日配送をコミットするアマゾンへの対抗策として、手数料無料で急ぎの商品を最短で翌日に届ける「あす楽[43]」というサービスも始めているが、物流センターや「あす楽」を利用するかどうかは出店する事業者ごとの判断だ。そのため、まだまだ浸透しているとは言いがたいのが現状だ。顧客の視点からも多くの商品が出店者からの直接配送で配送品質が不安定であることを感じているだろう。

　これらの理由より、アマゾンはアマゾン直販商品に加え、マーケットプレイスの多くの商品がアマゾンの高い配送品質（正確性とスピード）で顧客の元に届いていることになり、顧客は楽天市場との配送の質の差を感じ取っている。

シングルディテールページ

　前述の同じ商品の詳細を紹介するカタログがストア内に一つしか存在しない「シングルディテールページ」はアマゾンと楽天市場の最大の違いといっていい。

　アマゾンはそもそもジェフ・ベゾスのフライングホイールの理念に基づいて、もともとは直販、物流を軸としてEコマースのサービス全体を綿密に構築し、のちにそのプラットフォームを第三者にもマーケットプレイスとして開放した。しかし、楽天市場の成り立ちは、最初から多店舗の出店（2021年9月現在、約5万5232店[44]）によるEコマースショッピングモールのプラットフォームであった。

出店者は各自で商品のタイトルを決め、ある程度のテンプレートに沿ってはいるものの自由にカタログページを作成する。そのため、楽天市場で商品を検索すると検索結果画面に数多くの出店者が表示され、さらに、出店者ごとにバラバラのカタログページへのリンクがずらりと並ぶ。顧客にとってわずらわしいばかりでなく、大切な商品情報を見逃したり、仕様のバリエーションや色違いなどの選択で間違いなども起こりやすい。モール型のEコマースサービスで、カタログページ（ディテールページ）が煩雑なのは、近年、出店事業者数が大きく伸びた「ヤフーショッピング」も同様だ。

アマゾンと楽天市場の両方に出店している販売事業者も少なくない。販売事業者からすればともに「出店」しているという感覚かもしれないが、アマゾンは全体が一つのストアであり、販売事業者それぞれにストアを持たせるという概念がない。買い物したショップからダイレクトメールが届くこともなく、顧客にとってはよりシンプルにショッピングができる仕組みになっているのである。

同一商品のカタログページは1ページだけにするといっても、実はなかなか難しいことでもある。たとえば、JAN（Japanese Article Number）コードと呼ばれる世界共通の商品識別コードが付いている商品であれば、商品登録の際にコードの入力を義務付けて整理していけるが、商品によってはそうした識別コードを持たないものもある。アマゾンでは販売事業者が登録した商品のビッグデータを常にチェックして、同じ商品のカタログページが重複しないよう促す仕組みを開発し、重複した商品カタログを削除している。

商品数

前述したように日本ではアマゾンと楽天市場の両方に出店している販売事業者が多く、国内で流通している商品数はあまり大きな違いはないだろう。ただし、アマゾンのマーケットプレイスには個人も出店可能で、たとえば古書など中古品までラインアップしているのが、楽天市場との大きな違いになっている。

さらに、アメリカや中国など、海外の販売事業者を日本のアマゾンに勧誘するチームがあって、今まで日本では買えなかった商品でさえ、アマゾンでは統一されたシングルディテールページで日本語の商品説明を読み、日本国内で普通に流通している商品と同じ利便性で買うことができる。

これもまた、アマゾンと楽天市場を差別化しているポイントのひとつといえるだろう。

ポイント制度

　ポイント制度は、逆に楽天市場の強みであるといっていい。付与率は1～10％（100円で1～10ポイント程度）とわずかなものだが、楽天トラベル、楽天銀行、楽天カード、楽天GORA（ゴルフ場予約サービス）、楽天チケットなど、グループ会社内のさまざまなサービスで使用できるこの共通ポイント制度は「楽天経済圏」「楽天エコシステム」などと呼ばれて日本に定着している。

　また、ヨドバシカメラなどの量販店でも独自のポイント制度が定着しているなど、日本人は世界でも珍しいほどのポイント好きだといえる。

　アマゾンジャパンでも2007年からポイント制度を導入している。前述したようにポイント制度を採用しているのは世界中のアマゾンの中でも日本だけである。

　2019年2月にはアマゾンジャパンのサイト上で販売するマーケットプレイス全商品を対象に、販売価格の1％以上のポイントを付与することを必須にすることを発表した。ところが、この発表に対して公正取引委員会から「当該ポイント分の原資を出品者に負担させる旨の内容としたことについて，独占禁止法上の懸念（優越的地位の濫用）」があるとして調査[45]が入り、「商品をポイントサービスの対象とするか否かについて、出品者の任意」とすることになったのだ。

個人的には、日本人が大好きなポイント制度そのものを私はあまり好きではない。さまざまな店舗やサービス業でポイントカードを乱発していて、会計のたびに「ポイントカードを作りませんか」などと勧誘されるのがわずらわしい。またポイント制度は、店舗などサービスを提供する側が顧客を繋ぎ止める際、購買データを分析したいという販売者側都合の施策でしかなく、また、ポイントの分だけ値段が高くなっているだけに過ぎないと考えるからだ。

プライムプログラム

アマゾンプライムは、楽天市場をはじめとする他のEコマースサービスとアマゾンを差別化する強みになっているといっていいだろう。楽天市場でも購入履歴に基づいて上がる会員ランクに応じて誕生日のポイントプレゼントなどの特典が用意されているが、アマゾンプライムは「ポイント特典」とはまったく関係なく、送料無料や連携するコンテンツサービスなどのデジタル特典が最大の魅力になっているからである。

ちなみに、デジタルコンテンツの一部である電子書籍の分野では、アマゾンが独自に「Ｋｉｎｄｌｅ」を展開しているのに対して、楽天はカナダのスタートアップ企業だった「Ｋｏｂｏ（コボ）」を買収して電子書籍事業にも乗り出している。が、電子書籍ストア利用率のシェアはＫｉｎｄｌｅストアが26・2％で2位であるのに対して、楽天Ｋｏｂｏ電子書籍ストアは11・8％で第5位。[46] 急伸した「ＬＩＮＥマンガ」は27・8％と第1位でマンガ文化が強く根付いている日本の特徴である。

販売事業者のグローバル展開

今度は、販売事業者の視点に立った時に、アマゾンの販売における基本的な仕組みや商品詳細ページ、「セラーセントラル」（出品管理システム）などのシステムが世界共通であることは、ことに販売事業者にとってアマゾンのメリットになっている。

つまり、たとえば日本のアマゾンで成功した販売事業者が、アメリカやヨーロッパなど他国に進出するのが容易なのである。プラットフォームは世界共通だし、マーケットプレイスの販売事業者にはアマゾン独自の商品カタログ自動翻訳システムが提供されている。それぞれの国ではフルフィルメントセンターに商品を預かって出荷配送を代行するＦＢＡサービスが日本と同様に用意されており、日本からの輸出業者をアマゾンから紹介することも可能。国内で販売するのとほとんど変わらぬ手数で海外進出ができてしまう。

詳細な数は公表されていないが、日本のアマゾンで成功体験を積み海外進出を果たしている販売事業者は、すでに数万店のレベルに達している。

販売事業者へのサービス

販売事業者へのサポートについての考え方や取り組みも、アマゾンと楽天市場で異なっている。２０１４年、私がマーケットプレイスの責任者であった時は、販売事業者の中には「楽天市場のほうが手厚いサポートをしてくれて売りやすい」や「アマゾンでは直販の商品もあって競合しているようでやりづらい」といった不満の声をもらうことが少なくなかった。

楽天市場では、ネット初心者の販売事業者が出店を検討するところから、新規出店コンサルタントが相談に乗り、ページ作成は店舗オープンアドバイザーがサポート、オープン後もそのショップを担当するＥＣコンサルタントからのアドバイスなどを受けられる。

さらに「楽天大学」と名付けたネットショップ運営ノウハウの教室を有料で開催している。また、月間や年間のベストショップを表彰する「ショップ・オブ・ザ・マンス」「ショップ・オブ・ザ・イヤー」といった表彰制度が販売事業者のモチベーションになっている面もある。

アマゾンでも販売事業者へのサポートは提供している。オンライン講座「アマゾン出品大学」の提供や、専任スタッフによるサポート窓口は設けているが、販売事業者ごとに担当者を付けるようなことは一部大手出品者を除いては行っていない。

そもそも、販売事業者に対する考え方が違うのである。つまり、アマゾンにとって販売事業者はビジネスを展開する上でのパートナーという位置づけである。それに対して、楽天市場では出店者にほぼ１００％依存するビジネスモデルであり、出店する販売事業者そのものが楽天の顧客なのである。

アマゾンは顧客である消費者を中心に考え、直販と同様に最適なサービスを提供するために、数十万の全ての販売事業者に対して公平性を保ちながらツールなどの改善を重ね、合理的なシステムを構築することを重視している。

楽天市場がグローバルスタンダードになり得ない理由

アマゾンのストロングポイントへの理解を深めるために、あえて楽天市場と比較してきた。楽天市場は流通総額が想定で年間４～５兆円規模の巨大なＥコマースのプラットフォームであり、日本国内には出店する販売事業者も利用する顧客も多い。

でも、ビジネスの舞台はあくまでも日本国内が主軸であり、グローバルスタンダードにはなり得ていない。なぜならば、アマゾンは世界共通のプラットフォームで他国展開したのとは逆に、楽天の多くの海外拠点は買収によるもので、楽天のプラットフォームをなかなか展開することができず、結果、撤退した国も多い。[47]

アマゾンと楽天の根本的な理念の相違には、なぜＧＡＦＡ（Google, Apple, Facebook, Amazon）が世界を席巻《せっけん》し、日本発の製品やサービスがことごとくグローバルスタンダード争いで敗北していくのか、そのヒントがあるように思う。

第5章　アマゾニアンの「常識」と「人材育成」

16項目からなる「リーダーシップ・プリンシプル」

　ここまではアマゾンのビジネスモデル、強みなどの分析を通してアマゾンの「絶対思考」はどのようなものなのかを解説してきた。本章では、顧客中心主義を徹底的に追求し、ビジネスモデルを作り上げ強みに変えていく人材を、どのように獲得し育成していくかを解説していく。その人材採用と人材開発のベースにもなっているアマゾンの行動規範でもあり企業文化の骨幹でもある「リーダーシップ・プリンシプル」に目を向けたい。かなり多くの点で読者の皆さんの参考になり、取り入れていただけるのではないかと思う。

　アマゾンには独特のカルチャーがある。旧態的な企業にありがちな「努力と根性」重視ではまったく通用しない。データをとことん分析し、オポチュニティー（機会、好機）を探し出し、システムや仕組みのイノベーションによって自動化、効率化を進め、何ごとにもスケーラビリティ（拡張性があり大規模にしてもコストが規模に比例して増えないこと）を求められるのが、アマゾンの「普通の基準」。雇用する人材、そして既存の社員にもそうしたカルチャーへの理解と実践が求められるのだ。

「コア」となる規範「リーダーシップ・プリンシプル」

アマゾンで働く人たちは、世界中で「アマゾニアン」と自称している。私が入社した当時、アマゾンジャパンの社員数は数百人だったが、今では７０００人規模[48]になっている。さらに世界では約１３０万人の正社員[49]がアマゾンで働いている。

日本はもちろん、世界中で急成長している拠点ばかりなので、新しく入ってくる人材に世界規模で事業を展開する企業としてのベクトルとカルチャーを共有する。そしてそれを維持するために「コア」となる規範が必要だ。

それが「Leadership Principles」（リーダーシップ・プリンシプル）である。アマゾン社内では「Our Leadership Principles」、略してＯＬＰと呼ばれている。

プリンシプル（Principles）は直訳すると「原則」である。リーダーシップ（Leadership）は「指導者としての立場」や「統率力」を意味するが、特にマネージャー、管理職などに限定した規範ではなく、全社員に対してアマゾニアンは「全員がリーダーであるべし」と示す16項目だ。

リーダーシップ・プリンシプルの原型は、2001年にジェフ・ベゾスが提言した11項目の「リーダーシップ・バリュー」である。それから10年後の2011年、アマゾンが世界に拡大していく中で、世界共通のリーダーシップの「基準」として再考し定められたのが14項目までのリーダーシップ・プリンシプルである。そして、2021年に2項目が追加された。

リーダーシップ・プリンシプルの意義について、次のように英文で示されている。

〝We use our Leadership Principles every day, whether we're discussing ideas for new projects or deciding on the best approach to solving a problem. It is just one of the things that makes Amazon peculiar.〟

「新しいプロジェクトのアイデアを議論する場合も、問題解決のアプローチを決定する場合も、私たちは毎日リーダーシップ・プリンシプルを使う。それはアマゾンの独自性を支えているものの一つである」といった意味になる。

行動規範とはいえ、16項目にはシンプルなワードが並んでいる。アマゾンジャパンでは英語のまま理解するよう求め、社員に向けて翻訳はしていない。ただし、各項目に添えられた説明文部分は翻訳し、人材採用の情報サイトなどでも公開している。

まずは、その16項目を並べてみよう。なお、それぞれの項目タイトルの日本語訳は私の主観的なものである。なお、参考までに原文（英文）は巻末に掲載する。

・Customer Obsession──顧客起点の判断基準にこだわれ
・Ownership──「それは私の仕事ではありません」は禁句
・Invent and Simplify──常に創造性とシンプルさを求める
・Are Right, A Lot──多くのことに正しい判断を下す
・Learn and Be Curious──常に学び、好奇心を持つこと
・Hire and Develop the Best──最高の採用と人材開発を求む
・Insist on the Highest Standards──「最高水準」を積み上げろ
・Think Big──大きな視野で物事を考えろ
・Bias for Action──ビジネスにはスピードが重要
・Frugality──「経費削減」ではない倹約の精神
・Earn Trust──真摯で毅然とした懸命なリーダーの規範
・Dive Deep──「これ、ちゃんと深掘りした？」
・Have Backbone; Disagree and Commit──敬意をもって異議を唱え、決定にはコミット
・Deliver Results──アマゾニアンは結果を出せ

・Strive to be Earth's Best Employer——地球上で最高の雇用主になる努力
・Success and Scale Bring Broad Responsibility——成功と規模には幅広い責任を負う

私が経験した14項目、そして追加2項目の具体的な示唆

私が在籍していた時の14項目までの説明文の日本語訳は、私たち当時のアマゾンジャパンの役員が担当した。私自身は翻訳作業には参加していないが、アメリカ英語を日本語に置き換えるのは難しい点も多く、なかなか苦労したと聞いている。

その際、14項目のタイトルも日本語訳するかどうか議論して、これはあえて英語のままとした経緯がある。たとえば「Ownership」を直訳すると「所有者」や「所有権」という意味となり、ニュアンスが大きく変わってしまう。この日本語訳は、私の主観的なものである。

リーダーシップ・プリンシプルは世界共通の規範なので、米国本社での議論や他国のメンバーと電話やテレビ会議などの席でもしばしば登場する。タイトルはあえて日本語訳せずに英語のまま覚えたのは正解だったと思っている。

また、それぞれのタイトルの後の説明文であるが、アマゾンジャパンが公式に示してい

る日本語訳を列記し、原文（英文）は巻末に記載する。また、アマゾンは、それぞれに番号は付けていないが読み進める上でわかりやすいので本書では番号を付けさせていただく。

それぞれの項目について、私自身の経験を交えて補足していこう。

読者の方々の会社でも、いろいろな行動指針、規範があると思うが、それを社員、メンバーに伝え、コーポレートカルチャーのレベルまで持っていくには、継続した地道な教育が必要だ。その際には、社内での実例をベースに伝えるのが最適だと考える。

1　Customer Obsession――顧客起点の判断基準にこだわれ

『リーダーはまずお客様を起点に考え、お客様のニーズに基づき行動します。お客様から信頼を得て、維持していくために全力を尽くします。リーダーは競合にも注意は払いますが、何よりもお客様を中心に考えることにこだわります』

「Customer」は「顧客」、「Obsession」は「こだわり」や「熱中する」という意味で、アマゾンの顧客中心主義を示している。リーダーシップ・プリンシプルの16項目には特に番号は振られていない（本書では読みやすいように振った）が、一番最初がこの「Customer

Obsession」で、14項目の時代は最後が「Deliver Results」つまり「結果を出す」であると決められていた。顧客目線で発想して、結果を出すことが重要ということだ。そして、アマゾンが求める「結果」とは、たんなる売上や利益の拡大だけではなく、スケーラビリティの獲得、つまり「成長」と定義されている点が大切だ。

つまり「Customer Obsession」そのものが、アマゾンが追求している「Results」でもある。顧客中心主義そのものはさまざまな企業でも同様の理念を掲げていることも多いだろう。ところが、目先の利益が出ないといった理由で少なからず妥協してしまうことが多いのではないだろうか。私の経験でも「大切なのは顧客」という明確な判断基準によって、迷走しそうになった議論が軌道修正されたことがしばしばあった。

アマゾンが掲げる「Customer Obsession」とはどういうことか。具体的な事例を挙げてみよう。

代表的なものは顧客による商品レビューだ。その商品の対する使用後の感想をいいことだけではなく、メーカー、サプライヤーが嫌がる低い評価内容も記載している。顧客が客観的に判断できる材料を隠すことなく提供している。余談だが、そのレビューも今や、やらせレビューなどの温床ともなっていて、アマゾンの取締り施策と販売事業者とのいたちごっこになっており、信頼性の低いレビューが多数紛れ込んでいるのは悲しいことである。

また、ある年のクリスマスシーズンに在庫管理のミスからか、顧客のクリスマスプレゼント需要を受注したが、在庫の割当ができなくなった。当時の倉庫のスタッフが他社の実店舗を探し回って同じ商品を見つけ、顧客まで自分で届けたこともあった。

さらには、私が家電を担当する事業部も含んだハードライン事業本部の統括事業本部長だった時代に、家電商品が生産中止やモデルチェンジによって廃番になってしまうことがあった。まだ在庫管理の自動化が発展途上だった頃、ある家電廃番商品に在庫を超える数の注文を受けてしまったのだ。

普通のストアであれば、注文のタイミングが遅かった顧客に連絡をして「在庫切れです」と断ればいいという判断になるだろう。でも、アマゾンでは違う。その時はバイヤーや発注担当者に指示をして家電量販店や現金問屋などを片っ端から当たり商品を調達し、コストを度外視してでも注文してくれた顧客に商品を届けることを選択した。

これらの例はもちろん、アマゾン側のミスをカバーするものであったので美談ではない。ただし、背景には、「Customer Obsession」という行動規範があったからこそ、上司などの指示を受けなくてもメンバーが行動することができたのだ。

次のケースも、もともとはミスに対する対応だ。定価が1000円ほどの商品をプロモーションで900円で販売しようとする際に、担当者が誤って販売価格を「90円」と入力してしまったことがある。当然、またたく間に多くの注文が入った。気付いた担当者があわてて価格を修正したものの、多くの顧客が90円でオーダーできてしまったのだ。

こうしたケースでも、通常の日本企業であれば事情を説明して注文を仕切り直すだろう。でも、この時のアマゾンは90円で購入した顧客に事情を説明した上で、そのまま商品を出荷した。もちろん、損失金額にもよりケースバイケースでの判断ではあるが、アマゾンにおいては顧客の信頼に応えることが何よりも優先されることを示す事例といえる。

もちろん、アマゾン社内での日々の仕事の中では利益や売上も重要なテーマではある。でも、最終的な判断基準が「Customer Obsession」であることは、アマゾニアンにとって世界共通の常識となっており、幾度となくこれに立ち返り、自分たちが間違った判断をしないよう軌道修正をした経験がある。

常に顧客の目線で行動するのは簡単ではない。企業は利益を出さなければ存続できない。そのような中、トップ、経営層が率先して「Customer Obsession」を貫き通すことによって他メンバーが迷いなく行動できることになる。このような経営層の気骨も重要だと考える。

2 Ownership──「それは私の仕事ではありません」は禁句

『リーダーはオーナーです。リーダーは長期的視点で考え、短期的な結果のために、長期的な価値を犠牲にしません。リーダーは自分のチームだけでなく、会社全体のために行動します。リーダーは「それは私の仕事ではありません」とは決して口にしません』

アマゾンでは「社員全員がリーダーである」という考えが徹底されている。そう、リーダーシップ・プリンシプルのリーダーはマネージャー、管理職のことを言っているのではない。そのためには全社員に「Ownership」が不可欠であり「それは私の仕事ではありません」といった視野の狭い言い逃れは禁句となっている。外資系企業とは、個々の仕事の領域が決まっており、それに対し責務を全うし、パフォーマンスを出せばいいというイメージを持っている方も多いかもしれない。しかし、実際は少なくともアマゾンはそのようなことはない。

アマゾン社内では「Cross Functional（クロスファンクショナル）」という部門間を越えてという意味の言葉が、ことあるごとに飛び交っている。当然、社内の部署は機能ごとに分かれているし、マネージャー、バイスプレジデントといった職務レベルは存在している。

私がチームメンバーにクロスファンクショナルな仕事を与えるのと同様に、私自身も自身の責任範囲とは異なるタスクを担うことがたびたびあった。たとえば、他部門の採用をリードをする役割を担い、10年間で1000人もの面接を行なった。また、東日本大震災の際には2011年から2014年の4年間で41回、延べ1001人の社員が参加した東北地方でのボランティア活動を率いたこともある。両事例ともに継続性が求められ、強い「Ownership」がなければできないことだ。

新たなイノベーションやプロジェクトを構想する際には、ことに部署や職能を越えた連携や判断が必要になることがある。一人一人の社員に「Ownership」の精神が浸透しているからこそ、アマゾンは常に進化を続けてこられたといえるだろう。

さらに、前述したとおり管理職でなければプロジェクトのリーダーになれないといったことはなく、他部署を巻き込み、肩書きを越えて議論し、仕事を進めていきやすい風通しのよさが社内のカルチャーとして根付いている。

3 Invent and Simplify――常に創造性とシンプルさを求める

『リーダーはチームにイノベーション（革新）とインベンション（創造）を求め、それをシンプルに体現する方法を常に模索します。リーダーは常に外部の状況に目を光らせ、あらゆる機会をとらえて新しいアイデアを探しだします。それは、自分たちが生み出したものだけにとらわれません。私たちは新しいアイデアを実行に移す時、長期間にわたり、外部の理解を得ることができない可能性があることも受け入れます』

直訳すると「創造と簡素化」という意味になる。説明文にあるように「イノベーション（革新）とインベンション（創造）を求め、常にシンプルな方法を模索」することがアマゾニアンには求められているのである。

シンプルで合理的な仕組みであることは、アマゾンの強みとしても紹介してきた。アマゾンが提供するサービスなどに常に「Simplify」が要求されるのには主に三つの理由がある。

一つは、シンプルでないと「顧客にわかりづらい」こと。シングルディテールページの徹底などは、まさにこの概念を具現化した施策といえる。二つ目は、複雑な仕組みであればあるほど「継続性が生まれない」こと。三つ目の理由が、複雑になると何かミスが起きたときに「リカバリーしにくい」ばかりでなく「ミスを見つけづらい」からである。

もちろん「Invent」である以上、何か新しいことを始めるのは常にチャレンジであり、なかには社会に誤解され、非難に晒《さら》されることもある。よくある「低価格戦略は競合潰し」といったアマゾンへの批判も、そうした誤解の一つといえるだろう。

その上で「長期間にわたり外部に誤解されうることも受け入れます」と言い切っているところも、アマゾンがアマゾンたる所以《ゆえん》である。ただし、これは「誤解されても気にしない」という意味ではない。誤解や批判は受け止めた上で、間違いがあれば改善する。それには抵抗がない組織である。しかし、「Customer Obsession」と「Deliver Results」の観点から正しいことであるなら信念をもって継続するという決意である。

もちろん「Invent and Simplify」を、さあ、今日から実行しなさいと言われても、はいそうですかとできることではない。重要なのは「Invent and Simplify」を社内のカルチャーとして根付かせることであり、アマゾンでは「Invent and Simplify」だけをテーマとしたクロスファンクショナルのワークショップや研修、イベントなどをしばしば開催している。また、半年に一度、イノベーティブな業績を残した社員を「Door Desk」賞として表彰する制度もある。

結果、この文化からＡｌｅｘａ（ＡＩスピーカー）、Ｋｉｎｄｌｅ（電子書籍リーダー）、ＦｉｒｅＴＶスティック（テレビのインターネット接続デバイス）、ＡＷＳ（クラウドサービス）、Amazon GO（レジ無しコンビニ）などが次々と生まれた。

4　Are Right, A Lot――多くのことに正しい判断を下す

『リーダーは多くの場合、正しい判断を下します。そして、優れた判断力と直感を備えています。リーダーは多様な考え方を追求し、自らの考えを反証することもいといません』

多くのことに、正しい判断を下すという意味の言葉である。リーダーとして、当然求められる資質といえる。ただし、アマゾンの場合はこの言葉をリーダーとして全社員に求めている点が特徴的だ。

説明文で指摘されている通り、データを重要視するアマゾンでも正しい判断を下すためには「経験に裏打ちされた直感」が必要であり、多様な考え方を受け入れた上で「自らの考えを反証すること」も大切である。

「Are Right, A Lot」の反語は「Are Wrong, A Lot」（多くの場合間違っている）とも言

えるが、その恐れからか、減点主義が根強い日本の組織では「No judge, A Lot」（多くの場合決断しない）に陥っていないだろうか。無責任な事なかれ主義はアマゾンでは通用しない。

たとえば、電話やメール、チャットなどで顧客からの問い合わせを受け付けるカスタマーサービスで働く数百人のスタッフに対して、ただマニュアルに従った対応を指示するのではなく、各自の判断で無償での交換やお詫びとしてギフトカードを送るといった判断を任せているのは、まさに「Are Right, A Lot」の実践である。

5 Learn and Be Curious――常に学び、好奇心をもつこと

『リーダーは学ぶことに貪欲で、常に自分自身の向上を目指し続けます。新たな可能性に好奇心を持ち、探求します』

「Curious」は好奇心。常に学び、好奇心をもって物事に取り組むべきという自己向上への姿勢を示した言葉だ。

実は、好奇心の強さは各自がもつ知識や自信に影響される。基本的な知識がなければ目

の前で起こっている出来事や誰かが発言している内容の中の、好奇心を抱くべき点に気付くことさえできない。何か疑問や好奇心を抱いたとしても、自信がなければ質問や確認の行動を起こせない。

ごく原則的なことで言えば、アマゾンで働く以上英語を学ぶのは当然のこと。入社できたからといって英語学習を怠《おこた》るのではなく、日々英語力を向上させる「学び」が必須であることは言うまでもない。

サイトの構造やページの内容、倉庫システムや物流・配送の手順、オリジナル商品の開発、デジタルコンテンツサービスなど、アマゾンが提供するさまざまなサービスや業務の内容についても、日々学びを重ねて十分な知識がないと、改善への気付きも得られない。たとえば、不在による再配達を減らしたいという目標があるとして、何をどう改善すればいいのか。策を考えるためにはデリバリーの仕組みや現場の実情を知ることがまず必要であるということだ。

そもそも、再配達が多いという事実を知らなければ、そこに問題があることにさえ気付けない。また、会社が教育してくれないとか、誰も教えてくれないとかいう言い訳よりも、自分から動いて調査をする、知りたい情報があったら自分で取りに行く姿勢が重要である。

もちろん、競合他社のサービスに興味を持って知ることも必要だ。再配達削減のために、とことん問題を理解し、勉強している結果、コンビニ受け取り、時間指定、Amazonロッカー、現在各都市でテストを繰り返している置き配など、現在でもサービスオプション拡大の努力が続けられている。

アマゾンでは社内の情報ポータルサイトにウィキペディアのような情報集積ページがあり、ある程度の情報はそこから入手できる。一方、サービス、仕組みは日進月歩で進化しているためマニュアルがない。それがベストな環境であるとは思わないが、社員個々の「Learn and be Curious」を支える仕組みは用意されている。

私がマーケットプレイスの統括をしていた際に、システムエンジニアを抱えたチームが傘下にあった。事業責任者として概要だけを把握するのではなく、エンジニアがどのようなプロセスで開発をしているのか、作業が遅れる原因は何なのかなど、幅広く情報を収集して詳細を理解するようにしていた。それによって、プライオリティー（優先順位）を指示する際の判断が的確にできた経験がある。

また、私は2008年にホーム&キッチン事業部の事業部長として入社したのだが、重要なロール（役割）であるバイヤーの業務を理解するために、本来の事業運営をしながらも3カ月は季節家電のカテゴリーのバイヤー業務を掛け持ちして、実際にメーカーとの商談、商品のプロモーション立案と遂行、社内ツールの習得を行った。結果、その後のアマゾンのキャリアの中で、現場の仕事を経験したことが、チームメンバーの業務内容を細かく理解するために非常に役立った。

6　Hire and Develop The Best——最高の採用と人材開発を求む

『リーダーはすべての採用や昇進において、評価の基準を引き上げます。優れた才能を持つ人材を見極め、組織全体のために積極的に開花させます。リーダー自身が他のリーダーを育成し、コーチングに真剣に取り組みます。私たちはすべての社員がさらに成長するための新しいメカニズムを創り出します』

リーダーに対して「最高の採用と人材開発」を求める項目だ。マネージャーなどの管理職になると、優秀（基準は第2章で前述したとおり）な人材を何名採用したか、部下を何名昇進させたかという結果が評価基準の一つとされる。

私自身、自分が担当するチームやプロジェクトに人材が必要で採用する際には、私の直属のポジションであれば、面接した候補者の中から「私より優秀な人材」を「基準」に採用するようにしていた。また、たとえば、直属の部下が非常に優秀で継続して高いパフォーマンスをあげ、昇進させると私と同じ職級になるとしても積極的に昇進を推薦する評価を進言した。

自分と同じ職級の人間を採用したり、優秀な人間を自分と同じ職級に昇進させてしまうと自分の立場が危うくなるといった考え方ではなく、優秀な部下を採用、引き上げて、より大きな仕事を与えることで、自分自身はさらに大きな視野をもった仕事に取り組めると考えるのがアマゾンの流儀なのである。そして、相乗効果として自分のスキルやコンピテンシー（業績向上のための行動様式）も向上する。

私の場合も、マーケットプレイスの統括時代に私と同じ職級であるディレクターを3名採用し要職に配置した。その結果、多くの決済権限を委譲することができ、私は一段高い位置からコンプレキシティー（複雑性）の高い複数の事業の運営に挑戦することができた。

最高の人材を採用して育てることが組織はもとより自分自身の向上に繋がり、さらに新しく採用する人材のハードルを上げていくことになる。

人材開発（教育）にもアマゾンは注力している。アマゾンで働くことが自分自身の能力の向上、キャリアップに繋がる実感は優秀な人材を引き留めるモチベーションにもなっている。

従来、アマゾンでは新卒採用よりもすでにキャリアを積んだ人材の採用が中心だったが、数年前から大学、大学院の新卒を採用している。新卒にしろ中途採用にしろ、新しく入社した社員には職級が上で所属部署が異なる「Mentor（メンター）」、同じ部署内の同レベルで相談役となる「Buddy（バディ）」が設置され、円滑な入社後の着地ができるよう支援する仕組みがある。

また、各部署のマネージャーには1週間に1回30分程度の「1 on 1（ワンオンワン）」と呼ばれる部下との定例ミーティングを行うことが義務づけられている。特に決まったフォーマットはないが、年間ターゲット（目標）に対する進捗確認と軌道修正、進行中のプロジェクトの問題点の確認とアドバイス、それぞれのメンバーたちのキャリア開発へのアドバイスなどが内容となる。

ともあれ、リーダーシップ・プリンシプルにわざわざ「Hire and Develop The Best」という項目が掲げられているように、アマゾンの採用、人材開発、人事評価のシステムは特長的だ。16項目の説明の後、詳しく紹介しておきたい。

7　Insist on the Highest Standards――「最高水準」を積み上げろ

『リーダーは常に高い水準を追求することにこだわります。この水準が必要以上に高いと感じる人も少なくはありません。リーダーは継続的に求める水準を引き上げ、チームがより品質の高い商品やサービス、プロセスを実現できるように推進します。リーダーは水準を満たさないものは実行せず、見逃さず、問題が起こった際は確実に解決し、徹底的な再発防止策を講じます』

「Insist」は要求する、主張するといった強い意味を表す言葉であるが、追求するといった意味がこの場合は適している。求めるのは「Highest Standards」、Higher ＝高めではなく、Highest ＝最高水準だ。

自分が手がけるサービスやプロジェクトは、はたして「Customer Obsession」を実現する水準に達しているか。目標設定、結果に妥協は許されない。最高水準の「基準」を達成できないのであればプロジェクトには見切りを付けて中止する、あるいは、継続投資によって達成を目指せるのであれば惜しみなく投資して事業を継続する。アマゾンのイノベーションは、その繰り返しによって積み上げられてきたものだ。

数多くの第三者である販売事業者が関与するマーケットプレイスでも、顧客中心主義で利便性の高いサービスが提供できているのも、アマゾンの妥協しない高い理想があってこそ実現できている。

私自身も企業購買をサポートする「Amazon Business」を２０１７年に立ち上げた時に、サイトにおける顧客の購買のエクスペリエンスを一つ一つ検証し、各プロセスでの説明内容や、エラーメッセージなど一字一句確認し、顧客が最適なエクスペリエンスを得られるように事業のトップとして自ら率先して行なったこともある。

おなじく、「Amazon Business」の統括をしていた時、２０１７年9月にサービスをローンチ（開始）したが、実は何度か延期したことがある。技術的な問題が理由だった。実際にプログラムを組んでテストをしてみると上手く動かないということはよくある。問題のレベルはいろいろではある。マイナーな問題だったので、ローンチ後に直すことも可能だったが、あえて延期をした。

一度決めた日程を何度も延期するのは社内外からのクレディビリティー（信頼性）が下がる懸念もある。それでも、カスタマーエクスペリエンスが完璧な状態でローンチすることにこだわったのだ。

8　Think Big――大きな視野で物事を考えろ

『狭い視野で思考すると、自分が想像する以上の大きな結果を得ることはできません。リーダーは大胆な方針と方向性を示すことによって成果を出します。リーダーはお客様のために従来と異なる新しい視点を持ち、あらゆる可能性を模索します』

この言葉は、訳すまでもないだろう。大きな視野で物事を考えろということだ。

たとえば、何か新しいサービスを提案する際、チーム内ではさまざまな議論が交わされる。日々の改善も重要ではあるが、高く大きな視野で見た時に、ある顧客セグメントを対象にしたサービスの提案に対して、「なぜ、このセグメントの顧客だけなのか」「他のセグメントの顧客に拡大した場合のデメリットはあるのか」「デメリットがないのであれば、この顧客層まで拡大しよう」「だとすれば、さらにこんなサービスも考えられる」などなど……。

チームメンバーが「基準」を引き上げて、枠に固執しない発想でブレーンストーミングでわいわいと議論する中から、今まで誰も思いつかなかったサービスが誕生することもある。読者の皆さんの会社でも行われているとは思うが、ブレーンストーミングは、脳を活性化させ新しいアイデアを出し、基本原則は自由で、批判はしない。質よりは量、連想しながらアイデアを重ねていく。新しいアイデアを募るには非常に有効な方法である。

固定観念に縛られず「Disruptive（破壊的）に考えろ」というのも、アマゾン社内でことあるごとに繰り返されている教えだ。イノベーションには破壊的思考が必要であり、有意義なイノベーションを生み出すために「Think Big」が不可欠なのだ。

ただし、「Invent & Simplify」と同様に、急に「Thing Big」で考えろといっても、そう簡単なことではない。常日頃から習慣づけるメカニズムが必要だ。

詳細は第６章で述べるが、たとえば、毎年の予算作成時期に行われるLong Range Plan（中長期計画）もしくは3-year plan（３カ年プラン）では、予算テンプレートにその破壊的アイデアを記載する項目がある。そのテンプレートがあるために、各チームは必然的、強制的に「Disruptive」なアイデアを考えなければならない。また、年に一回のイノベーションサミットと呼ばれるワークショップは参加者全員がいくつもの破壊的なプランを持ち寄り、それを参加者で絞り込んでいき、選ばれたプランは実現へ向けてプロジェクト化する仕組みもある。

こうした、メカニズムにより、社員は「Innovative」で「Thing Big」な思考を持ち続けることが習慣づけられるのである。

9　Bias for Action――ビジネスにはスピードが重要

『ビジネスではスピードが重要です。多くの意思決定や行動はやり直すことができるため、過剰な調査や検討に時間をかける必要はありません。計算されたリスクを取ることに価値があります』

日本では「偏見」や「先入観」という意味で「バイアス」という言葉が浸透しているために理解しづらいが、「Bias」には「方向性」や「志向」といった意味もある。つまり、この項目は行動あるのみという「行動志向」を指し示しており、「Speed matters in business」、ビジネスではスピードが重要であると説明文で明言されている。

実際にアマゾンでの仕事、そして決断では何よりもスピードが最重要視されている。たとえば新しいプロジェクトの実現の可能性を検証する際、70%程度確信できているのに、ただ「まだ30%検証できていない」ことを理由にスタートを躊躇《ちゅうちょ》することは叱責の対象となる。30%の未検証エリアに潜むリスクを予測した上で、何よりもスピーディに実際のプロジェクトを立ち上げることが求められるのだ。

経験に基づいてリスクを検証し、たとえ失敗したとしても、その原因究明や次のステップに移行するための方策を示す、もしくは元に戻れるように2ウェイ、すなわち一方通行ではなく、戻り方も考えておけば、トライ&エラーは許容される。

しかし、リスクを恐れて仕事を止めてしまうのが、アマゾンでは最もやってはならないことなのである。「Insist on the Highest Standard」、「Dive Deep」を追求しながらも、「Bias for Action」スピードを求めるのは相反するように感じられるが、ＯＲではなくＡＮＤ、つまり両方を突き詰めなければならないのがアマゾンの常識なのだ。

10 Frugality――「経費節減」ではない倹約の精神

『私たちは少ないリソースでより多くのことを実現します。倹約の精神は創意工夫、自立心、発明を育む源になります。スタッフの人数、予算、固定費は多ければよいというものではありません』

これはもうワンワード。「倹約」である。顧客の利便性のためのイノベーションへの投資は惜しまないアマゾンだが、倹約の精神は全社員に徹底されている。

たとえば、小さなことからいえば、日本法人の役員として私もアメリカ出張は多かったが、役員であっても出張の飛行機代はエノコミークラス、それも最安値のディスカウントチケットしか許されない。なぜなら、社員がビジネスクラスで出張することは「Customer Obsession」には関係ないからだ。

アマゾンでは新しいプロジェクトをスタートする際、もしくはミーティングで議論する際には、まずは「Two Pizza Team（2ピザチーム）」で取り組むという緩やかなルールがある。つまり、2枚のピザを分け合える程度の少人数でとにかくスピーディにスタートを切り、その可能性を検証するということだ。とはいえ、アメリカでデリバリーされるピザのサイズは直径が50㎝はあるような大きさなので、小食な日本人であればより多くの人数で取り組める、などという冗談は通用しない。

新しいプロジェクトにより大きな予算を付けるための折衝に時間を費やすよりも、小さな予算、チームでチャレンジする慣習もまた、アマゾン流の倹約なのである。

追加ヘッドカウント（新たに採用できる人数）の承認の是非についても同様だ。アマゾンでは予算作成時に一般的な経費についてはあまり精査しない。一方、米国本社が厳しく管理しているのが、「ヘッドカウント」と呼ばれる人数だ。それぞれの部門に現状何人いて、来年の予算では何人追加のヘッドカウントがリクエストされているのか、その内、何人を承認するのかを細かく見ている。

一人の追加ヘッドカウントの承認を取るのも非常に大変なのである。部署を担当する管理職は、現状、無駄な作業はないか、それを削減して人員を転用できないのかなどを考えなければならない。

つまり、文房具を削る、昼休みに電気を消すなどのありがちな「経費節減」とはややニュアンスが違う。新しいプロジェクトにふんだんな予算があれば、自分たち自身が知恵を絞り手を動かすよりも、外部のデベロッパーなどに外注するという方法を選びがちになる。でも、それでは外注先に結果を求めるだけで、プロセスにある課題や別の可能性についてメンバー自身が考えなくて済んでしまうことになる。経験を自らの糧《かて》とするための倹約なのだ。

たとえば、マーケットプレイスでは、新たな販売事業者を獲得することが品揃えを拡大するための重要な施策だ。そのために、営業メンバーが電話をかけたり、訪問したりしている。ただ、オンラインマーケティングと呼ばれるオンライン上（ウェブサイトに出品者候補を誘導）でアプローチして、アマゾンでの販売の魅力をオンラインで説明し、出品者候補自らが出品登録をしてもらう方法もある。

私は少ない人数で多くの候補者にアプローチが可能なオンラインマーケティングをさらに改善させるほうが、営業の人数を増やすよりも「Frugality」の観点から、また効率性の観点からも有効だと考え、投資配分の比重を厚めにする決断をしたことがある。

倹約して自らの手と頭を動かすことで、新しい発見、イノベーションを生み出すことを求められているのである。

11 Earn Trust——真摯《しんし》で毅然とした賢明なリーダーの規範

『リーダーは注意深く耳を傾け、率直に話し、誰にでも敬意をもって接します。たとえ気まずい思いをすることがあっても間違いは素直に認めます。リーダーは自分やチームの体臭を香水と勘違いすることはありません。リーダーは常に自らを、そしてチームを最高水準のものと比較し、高みを目指します』


「信頼を得る」。誰もがそう思っていても、実践するのは難しい。説明文では、信頼を勝ち得るための方法として、人に敬意をもって接し、注意深く言葉に耳を傾けることが示されている。

「間違いは素直に認める」ことも指摘されている。リーダーに限らず、自分のミスを認めるのは難しいことだ。恥ずかしさや意固地《いこじ》さが先に立ち、ときには間違いと気が付きながらも止まったり引き返さず、傷を大きくしてしまうこともありがちである。

逆に「いい人と思われたい」という態度に終始するのも正しくない。好かれたい、嫌われたくないという思いに囚《とら》われると、人の意見に問題点があっても指摘できず、馴れ合い関係に陥ってしまうことになる。

ここに示されているのは、真摯で毅然とした賢明なリーダーの規範といえる。

日本の場合は飲み会の文化がありコミュニケーションの場としても重要だ。でも、私は役職が上がるにつれそのような場には限られたイベントにしか参加しなかった。部下や関係者との間に馴れ合いが生じることを防止したのだ。

もともと体育会系の私は、飲み会は大好きなのだが、それによる馴れ合いはなるべく避け、リーダーとして立ち上げのチームでは「Roll up sleeve」、袖まくりをしながら現場に近いところでメンバーをリードした。一方、数百名のチームを率いる時は全体を見渡すように、そしてDirection（方向性）をクリアに示せるよう、Cascade（カスケード＝階段状に次々と流れ落ちる滝）によるコミュニケーション方法に変えて、「Earn Trust」の方法を変えていった。

12 Dive Deep――「これ、ちゃんと深掘りした？」

『リーダーは常にすべての階層の業務に気を配り、詳細な点についても把握します。頻繁に現状を検証し、指標と個別の事例が合致していない時には疑問を呈します。リーダーが関わるに値しない業務はありません』

メンバーから新しい提案を受け取った際に「これ、ちゃんとDive Deepした？」と私が使っていたように、アマゾン社内では日常業務の中でもかなり頻繁に使われる言葉になっている。日本語では「深掘り」というニュアンスが合うだろう。

たとえば、アマゾンでは一般的な企業でいうところのＫＰＩ（業績評価指標）は「キーメトリクス」と呼ばれ、週次、月次、四半期次という三つの期間ごとに整理されたレポートが部署ごとに提示される。

数字の推移や対予算比、対前月比、対前年比などのメトリクスを示したものなのでプリントアウトすれば用紙数十枚になるような膨大な数字の羅列である。各部署の担当者は、その数字の海から不整や、おかしいなと矛盾《むじゅん》があるものを見つけ、Dive Deepして、問題の根本的原因を見い出し改善案を練ることが求められる。さらに、その着眼点や改善点は

１ＢＰＳ（Basis Points＝０・０１％）レベルの細かなものである。
「Bias for Action」の項目で未検証のリスクを恐れてスピードダウンすることが大きなペナルティになると紹介したが、常日頃から膨大なデータにDive Deepする習慣、経験があってこそ、データからファクト（事実）を読み取るスキルが得られ、的確にオポチュニティーやリスクを予測し、正しく迅速な決断が可能になることは見逃せない。

当然といえば当然のことではあるが、「リーダーシップ・プリンシプル」の16項目はどれか一つ、あるいはいくつかを実行すれば良いのでなく、全てを徹底的に実践することが大切なのだ。

私は前職の株式会社ミスミでも数字、分析を重要視する中で数字を読み解く目にはそれなりの自信があったが、アマゾンに入社したての頃は、そのメトリクスの多さに苦労した。現在ではビジネスが多様化し、さらに、複数のチームを管掌するジェネラルマネージメントともなると毎週レビューするメトリクスは数百にも及ぶ。

数字的なセンスとは、縦横のマトリクス（行列）の数字の中から不整なものを発見したり、割合（％）の計算が速かったり、暗算が速かったりという基礎能力的なものだけではない。やはりビジネスストラクチャーを深く理解し、それに合わせて、それぞれのメトリクスの相関関係、因果関係を細部まで理解することが「深読み」のためには不可欠で、私自身そのように努めてきた。

13 Have Backbone; Disagree and Commit ——敬意をもって異議を唱え、決定にはコミット

『リーダーは同意できない場合には、敬意をもって異議を唱えなければなりません。たとえそうすることが面倒で労力を要することであっても、例外はありません。リーダーは、信念を持ち、容易にあきらめません。安易に妥協して馴れ合うことはしません。しかし、いざ決定がなされたら、全面的にコミットして取り組みます』


社内で異義を唱えることの重要さを説いた言葉であることがわかる。

上司や役員の意見であっても、自らの経験やスキルに照らして異義があるなら、遠慮して言葉を飲み込むことは決してあってはならない。そして異議を唱える際には敬意とともに「Backbone」、つまり経験則的に明確な根拠を持つことを求めている。

アマゾンジャパンの各部門のトップであった時には、私は日常的に1日に10~15本程度のミーティングをこなしていた。

予算の承認であったり、新プロジェクトのコンセプトメイクであったり、一つのミーティングは30分から長くても1時間程度。私自身は商社の海外現地法人社長を務めた幅広い知識と経験などが個性的なバックボーンであり、販売、マーケティング、営業、製造、開発、物流、財務、人事、法務、カスタマーサービスなどの豊富な知識と経験があることを自負していた。しかし、時にはソフトウェア&システムエンジニアが関与する専門的な内容の会議でもトップとしての見解や、承認するかどうかを判断していかなければいけない。

かなり思考の瞬発力を求められる仕事だが、妥協して「Disagree」を飲み込むことはあってはならないと肝に銘じていた。当然、わからないことがあれば、理解するまで質問をして的確な決断をしなければならない。

もちろん、ミーティングに参加する社員同士もDisagreeな点があれば遠慮なく議論を交わすことによって、案件の完成度が高まっていく。それがアマゾンのカルチャーなのだ。そして、たとえ自分の異議が最終的には認められなかったとしても、会議の結果、会社の判断として決定されたことには全力で「Commit」することが求められる。

アマゾン社内で最も嫌われるのが「馴れ合い」や「妥協」である。「Have Backbone; Disagree and Commit」という言葉には、お互いに敬意をもって徹底的に議論を尽くし、決まったことには全面的にコミットするという明確な意志が込められている。

この「馴れ合い」であるが、会社が大きくなる過程で創業者のジェフ・ベゾスが「Social Cohesion（ソーシャルコヒジョン）」、すなわち「馴れ合い」にならないように、「All Hands」と呼ばれる全社員のミーティングやメッセージで警告を送っていた時期があったことは前述した通りである。

14 Deliver Results――アマゾニアンは結果を出せ

『リーダーはビジネス上の重要なインプットにフォーカスし、適正な品質でタイムリーにやり遂げます。どのようなハードルに直面しても、立ち向かい、決して妥協しません』

先に説明した通り、14項目だった時代のリーダーシップ・プリンシプルの締めくくりとして、アマゾニアンとして最後は「結果を出す」というシンプルな言葉で示していた。求められる結果とは「Customer Obsession」に貢献することであり、ここまでの14項目が列挙されたうち「Customer Obsession」と「Deliver Results」の二つを除く12項目は、結果を出すための近道、行動規範であるともいえる。

説明文の「ビジネス上の重要な『Input（インプット）』にフォーカス」というのは、単純な売上や利益だけが結果ではなく、プライム会員登録が10万人増加した、サイトへの訪問者数が100万人増加した、直販の商品数を2万点増やしたなど、ビジネスのスケーラビリティ、成長に寄与しているかどうかに着目しろということだ。

売上額など、通常の企業で「結果」とされる数字は、アマゾンでは「Output（アウトプット）」に位置づけられている。もちろん、アウトプットの目標設定や目標をクリアすることも大切ではあるが、アマゾンで仕事の「結果」として評価されるのは、ビジネス基盤の成長に必要な「インプット」にいかに貢献するかなのである。この「インプット」を達成すれば、自ずと「アウトプット」もついてくる。

日本国内でも流通総額や売上額が急成長している点が注目されがちではあるが、アマゾンジャパンのアウトプット的な業績はこうしたインプットを各部署の社員たちが積み上げた結果に過ぎない。

本当に大切なのは、そのアウトプットを支えているインプットの増大であり、この姿勢こそが、Eコマースをはじめデジタルコンテンツサービスでアマゾンが圧倒的な地位を確立してくることができた最大の理由となっている。

15　Strive to be Earth's Best Employer――地球上で最高の雇用主になる努力

『リーダーは、職場環境をより安全に、より生産的に、より実力が発揮しやすく、より多様かつ公正にするべく、日々取り組みます。リーダーは共感を持ち、自ら仕事を楽しみ、そして誰もが仕事を楽しめるようにします。リーダーは自分自身に問いかけます。私の同僚は成長しているか？　十分な裁量を与えられているか？　彼らは次に進む準備ができているか？　リーダーは、社員個人の成功に対し（それがＡｍａｚｏｎであっても、他の場所であっても）、ビジョンと責任を持ちます』

２０２１年７月に新たに加えられた昨今のアマゾンの経営課題を反映したものである。２０２０年の株主へのレターの中で、アマゾンがフルフィルメントセンターの従業員をロボットのように扱い大切にしていないというメディア報道内容を、詳しい労働環境、賃金などの情報とともに否定している。世界で１３０万人以上もの従業員を抱えるアマゾンは、「地球上で最も顧客を大切にする企業」という目標は変わることなく、「地球で最も優れた雇用主であり、地球で最も安全な職場」も目指すことを、人材獲得競争がかつてないほど激化している中、新たな方針として打ちだしたのだ。

コロナ禍の２０２１年４月、米国の倉庫などで働く50万人超の従業員を対象に、時給を最大で３ドル引き上げ18ドル（約２０００円）にすると発表した。前述した物流費増加の一つの要因ともなっており、労務問題のコントロールは今後もアマゾンの大きな経営課題となる。

16　Success and Scale Bring Broad Responsibility ――成功と規模には幅広い責任を負う

『Ａｍａｚｏｎはガレージで創業して以来、成長を遂げてきました。現在、私たちの規模は大きく、世界に影響力を持ち、そしていまだに、完璧にはほど遠い存在です。私たちは、自分たちの行動がもたらす二次的な影響にも、謙虚で思慮深くありたいと思います。私たちは、社会、地球、そして未来の世代のために、日々成長し続ける必要があります。一日のはじめに、お客様、社員、パートナー企業、そして社会全体のために、より良いものを作り、より良い行動を取り、より良い企業になるという決意を新たにします。そして、明日はもっと良くできると信じて一日を終えます。リーダーは消費する以上に創造し、常に物事をより良い方向へと導きます』

15と同様に新たに加えられた。たとえば、アマゾンが顧客を満足させることに集中して急成長を遂げてきたが、従業員が住む地域社会や環境など、他の要素を軽視することがあったという批判に対してだ。本社があるシアトルは、アマゾンの城下町のような所だが、近代的できれいな町並みとは対象的に町の至る所に路上生活者を見かける。アマゾンの成功と共に周辺の不動産分譲及び賃貸価格や物価が大きく押し上げられ、家賃さえ払えなくなってしまうこともあるようだ。

アマゾンが巨大になるにつれてその存在感が世界に与える影響がかつてなく大きくなっている。これまで何度もアマゾンを含む巨大グローバルＩＴ企業が、各国で規模に見合った税金を支払っていないという記事が取り上げられ、ジェフ・ベゾス含む富裕層の節税方法にも批判が集中した。合法的に納税コストを抑えるのは経営手法の一つではあるが、巨大化した企業に対する社会的な責任を求める声はいっそう強くなっている。

アマゾン流「採用」の法則

この「リーダーシップ・プリンシプル」はアマゾンの人材育成における大原則であり、

採用の基準にも大きく関わっている。

アマゾンは日本進出以来、いわゆる中途採用を中心に人材を集めてきた。新卒採用を初めて行ったのは２０１２年からで、10年前のことだ。その募集枠も数十名ほどと多くはない。アメリカをはじめとする世界各国のアマゾンではＭＢＡ卒のみの採用で学士の新卒採用は行っていないので、これも日本に定着して日本流の方法で優秀な人材を集めるための日本独自の試みである。

私がアマゾンジャパンに入社した２００８年当時の従業員数は数百人ほどだった。それがわずか10年でおよそ７０００人[50]まで増えている。その間、大量の人材を採用してきたわけだが、実はアマゾンでは採用時の選考には慎重にじっくりと時間をかける。また、応募者に対する採用率は数％程度と、とても狭き門になっている。

採用に時間をかけて厳しい選考を課すことには、ビジネスを動かすのは人であり、人間の資質やスキル、経験値が企業にとっては最も重要というジェフ・ベゾスの理念が反映されている。Amazon.com 創業直後の１９９７年に株主に宛てられたレターは、現在でも毎年送られる新たな株主宛レターに添付されているものであるが、そこにはこう記されている。優秀な社員の採用に継続して注力し、現金による給与よりもストックオプションに比重を置く。成功はオーナーシップを持つやる気のある社員をどのように繋ぎ止められるかにかかっている、と。

アマゾンにおける採用手順を説明しておこう。

採用する人数は、部署ごとに予算審議を経て割り当てられる。採用人数はヘッドカウントと呼ばれ厳しく管理されており、割り当て以上の採用をすることは余程の理由がない限り許されないので、その採用の重要度はさらに増す。

その採用ポジションの上司は採用責任者である「ハイアリング・マネージャー」となり、自分で直属の部下となる人材を採用していくことになる。

比較として、私が２００５年まで勤務したＪＵＫＩ株式会社という日本のメーカーの例を挙げる。私は当時、海外法人にいたので、組織構築の過程で社員を自分で採用したことはあったが、日本の本社では、一般的な日本企業と同様に人事部が新卒を大量に採用して各部署に当てはめていく仕組みが主流だった。配属された新人達は多少その人の強みや経験などを考慮して配属されるが、長い期間をかけて配属された部門で専門知識を培い、戦力となっていく。そして、これを毎年、繰り返す。

この方法は長期的に会社が同じスピードで成長していく、もしくは定年退職者が出ていく会社での人材採用戦略として適している。一方、その時々のビジネスチャンスに合わせて、組織拡張、強化をしていく成長企業であれば、この方法では必要なスペックの人材を必要な時に採用できず、適材不足となる。実際の仕事内容を熟知している直属の上司が経験値やスキルを吟味して人材を選考する合理性は、アマゾンでの経験を通じて実感した。

採用人数の承認を得たハイアリング・マネージャーは、まず自分が求める人材についての条件をまとめた「ジョブ・ディスクリプション（募集要項）」を人事部に提出。人事部から人材エージェント、アマゾン採用サイト、LinkedInなどに募集情報が発信される。応募が集まり、書類選考、一次面接などその後のスクリーニング（選別）過程は全て人事部ではなくハイアリング・マネージャーが進めていくことになる。

最終（2次）面接の面接官の人数設定は採用するポジションの職級マイナス1というルールがある。職級が上がるほど面接官の数が増えるのはそれだけ多角的に応募者のチェックをするからである。たとえば、レベル7のシニアマネージャーが、ハイアリング・マネージャーとして直属のレベル6であるマネージャークラスの人材を採用したいとすると、「6（レベルの数）－1」、自身を含めた合計5名で面接にあたる。残り4名の面接官を決めるのもハイアリング・マネージャーの責務である。

10年間で1000人の面接をし、採用したのは50人

面接官は誰でもいいというわけではない。最終面接には必ず「Bar raiser（バーレイザー）」という社内資格をもつスペシャリストを含めなければならない。私もバーレイザーを務めていたが、バーレイザーには名前の通り、アマゾンが採用の「バー（基準）」を常に「レイズ（上げる）」し、クオリティを維持するための管理者といった役割がある。

バーレイザーは過去の面接の回数や経験、面接後の記述式フィードバック内容の質、業務経験などを考慮して社内のバーレイザー委員会で候補者として選出、その後、何度も実地トレーニングを受けて認定されるポジションで、現在ではアマゾンジャパン社内で数十人ほどが任命されている。さらに、ハイアリング・マネージャーは自分に関わる部署ではなく、全く違う部署に所属するバーレイザーに面接を依頼しなければならない規約がある。あくまでも客観的な判断を得るためだ。

実際の面接では、ハイアリング・マネージャーがバーレイザーを含めた数名の面接官それぞれに、リーダーシップ・プリンシプルの16項目及びその他必要なスキルセットがあればそれらを担当する項目に振り分けて依頼する。募集する職務によって「今回の仕事では『Dive Deep』がとても大切なので、あなたとあなた、2名が重複してチェックをお願い

します」といったこともある。つまりリーダーシップ・プリンシプルは、アマゾンの採用基準そのものでもあるということだ。

そして、全ての面接が終了すると、面接官が全員集まってバーレイザー主導のもと協議して採用する人材を決定する。仮に採用ミス（入社してもパフォーマンスを出せない場合）があると、バーレイザーの責任にもなるし、ハイアリング・マネージャーもチーム内の目の前の業務をこなすために安易に妥協して採用することをこのプロセスで防いでいる。

バーレイザーはそれぞれの仕事を抱えており、採用に専従しているわけではない。アマゾン社内の採用システムで過去に何人面接をしたのかがわかるのだが、私自身、退職する際に確認すると、10年間の在籍中に1000人ほどの面接を行い、その中で採用したのは50人ほどだけだった。週に5人以上の面接を行ったこともあるが、バーレイザーには特別な手当てや報酬はない。通常の業務に加えてバーレイザーの責務を果たすには、強い「Ownership」が必要である。

しかし、HR・人事部ではなく、アマゾンでパフォーマンスを出すためのバーに精通した「現場」の人間が面接を担当し、リーダーシップ・プリンシプルに基づいて妥協をしない高い「基準」を貫く選考をバーレイザーがリードするからこそ、採用のクオリティが維持されている。

データや数字を重要視するアマゾンの人材採用が、よくあるチェックシートなどの点数制ではなく面接官の属人的評価であるところも面白い。しかし、それも「リーダーシップ・プリンシプル」という採用基準が明確であるからこそ可能なことだ。もちろん、時には採用ミスを悔いることもあるのだが……。

前職で海外法人を拡大していた際の採用には自分なりにこだわっていたつもりだったが、採用基準が感覚的で曖昧であったために人材のクオリティーが安定しておらず、結果、労使双方が不幸になった経験がある。やはり、採用基準を明確にし妥協しないことは重要だ。

ある人材エージェントから、こんな話を聞いたことがある。「アマゾンジャパンは常に何十人、何百人と求人しているのでとても大きなクライアントだ。でも、あまりにも採用率が低くて面倒なんだ」と。

なぜなら、面接官の質問にも「Dive Deep」が徹底されている。たとえば「Think Big」を確認するために、今までに手がけた経験があるプロジェクトについての質問に対して「こんなに壮大なプロジェクトを担当しました」といった答えが返ってくる。面接でやや「話を盛る」のはよくあることだ。

でも、アマゾンの面接官たちは回答に対して「Ｗｈｙ？」を繰り返し深掘りしていく。デコレーションを剝《は》ぎ取った本質を見極めるのが、面接官の責務でもあるからだ。結果としてアマゾンの採用基準はとても厳しいものになっている。

新人のための30日、60日、90日の「マイルストーン目標」

人材開発に関する姿勢や施策も、日本企業と比べて特長的だ。

ちなみに、アマゾンの職級について説明しておくと、倉庫などで出荷作業などに従事する派遣、契約社員などが「レベル１～２」。レベル３以上が正社員で、新卒などで入社してすぐの状態が「レベル４」、「レベル６」のマネージャーから役職が付く。

レベル７以上は単一チームではなく複数の機能を管掌するゼネラルマネージジメントクラスとなり、「レベル７」がシニアマネージャーで、日本語の名刺上は事業部長。「レベル８」はディレクターで複数の事業を統括する事業本部長。なぜかレベル９は存在せず、次の段階が「レベル10」のバイスプレジデント。ジェフ・ベゾスのレポートライン（直属）として日常的に直接やりとりをすることが多いシニアバイスプレジデントは「レベル11」で、米国本社のシニアリーダーシップチームメンバー（経営会議メンバー）はレベル10と11のメンバーで構成される。

ジェフ・ベゾスは、「レベル12」に位置づけられている。各国のLeadership teamと呼ばれる経営会議メンバーもしくは役員はレベル8と10の各事業本部の統括者である。

私が入社した2008年頃はまだ、自らの成長は社員任せ。組織的な研修制度はまだ存在していなかった。現在では「リーダーシップ・プリンシプル研修」をはじめ、一般的な企業でもよくあるコーチング、チームディベロップメント（組織開発）、リーダーシップなど組織、部下育成、プロジェクトのリード方法などの組織マネージメントスキル、英語やプレゼンテーションなどの個人のスキルなどをテーマとしたさまざまな研修の機会が用意されている。

ただし、英語の習熟は会社が設定したものだけでは不十分であり、あくまでも自己責任だ。レベルが上がるとグローバルでの研修や会議の機会が増え、私も年に10回程度はアメリカ本社に出張していた時期がある。英語力が足りないと会議すらまともに参加できない、グローバルなプロジェクトを回せない、要は仕事ができない人ということになる。

残念ながら、どれだけ仕事ができても、それを伝える手段が弱ければ、アマゾンではレベル7のシニアマネージャー以上で入社、もしくは昇格することはほぼあり得ない。

新人には先に述べた「Buddy（バディ）」や「Mentor（メンター）」を選定して、仕事の進め方、ツールの使い方、リーダーシップ・プリンシプルの考え方、社内カルチャーの理解などの指導や日常的な相談を入社後しばらくサポートする仕組みも整っている。

前述した直属の上司による「1 on 1」もあり、コミュニケーションの円滑化にも抜かりはない。「1 on 1」では新人に設定される30日、60日、90日のマイルストーン目標に対し、立ち上がりの習熟度、その成果を直属の上司に報告する意味もあり、それがまた新人が業務に馴染《なじ》むためのサポートとなっている。

ゴール設定に求められる「SMART」

日本企業ではあまり行われていない慣習として「ストレッチ」と呼ばれる登用がかなり頻繁にあることが挙げられる。上司や役員が能力を認めると、職級を超えたポジション、仕事を与え、その社員の能力を一気に高めていこうとする施策だ。

企業の成長が急進的なので、マネージャークラス以上の人材の絶対数が足りず、また厳しい採用基準のため採用にも時間がかかるので、ポテンシャルのあるメンバーを育成し昇進させなければならない背景もある。

フレッシュな能力がより大きな仕事に取り組むことで、会社全体の活力が向上している。そこで成果を出せば、昇格させ正式登用する算段だ。ただし、タイミングを早まったり能力を過剰評価してストレッチ登用してしまうと、本人がプレシャーに負けて潰れてしまうこともあるので、上司としては細心の注意を払う必要がある。

Internal Transfer（社内異動）という仕組みも特長的だ。本人が希望すれば、部署を異動する門戸が常に開かれている。以前は入社後1年を経過しないと異動できる資格が得られなかったが、現在では入社してすぐの社員でも希望を提出し、異動することがルール上可能になっている。もちろん、希望しただけで異動が認められるわけではなく、社内異動であっても前述の定められた面接を受けて、合格し、そのハイアリング・マネージャーから採用される必要がある。

システムエンジニアのような専門職はさておき、マネージャーやシニアマネージャーなど大きな部門を統括していく管理職となるためには、ゼネラリストとしてさまざまな職分を経験しておくことが有効だ。その必要を理解している社員は数年ごとに積極的に異動の希望を出して、多様な部署で働くチャンスが用意されているのである。

異動の範囲は日本法人内だけでなく、米国本社をはじめとする海外拠点に異動することも能力があれば難しくない。アマゾンジャパンでも米国、ヨーロッパ、中国から多くの社員がこの社内異動制度を利用して日本で勤務しているし、逆に日本で採用された多くの社員が他国で勤務している。

前述したように新人の採用は直属の上司が担当する。せっかく時間とコストをかけて採用した新人が1年も経たず他部署に出て行ってしまうのは上司としては痛手だが、それを遮《さえぎ》ることはせず、その人のキャリア開発を一番に考え上司が後押しするべきであるというのが会社としての方針だ。

年初に部下と直属の上司が「ゴール設定」を行い、上司は定期的に「1 on 1」によってその達成をフォローしていく仕組みが徹底されているのも、アマゾンの特長的な点といえる。設定するゴールには「SMART」があることが求められる。つまり、「S＝Specific（具体的であること）」「M＝Measurable（測定可能であること）」「A＝Achievable（達成可能であること）」「R＝Relevant（会社及びチーム目標に関連している）」「T＝Time bound（明確な達成時期を定めること）」という五つの原則にかなったゴール（目標）であることが必須である。

各社員のゴール設定は一つではない。「自分が担当するサービスの顧客数を1万人増やす」「品揃えを10万から15万にする」といった業務に直接関わる目標もあれば、「英語のレベルを上げ、グローバル会議でリードできるようになる」といった個人的スキルの向上など、さまざまな目標を設定し、定期的に上司に報告、相談しながら、期限内での達成に向けて進めていく。

この方法は簡単なので、すぐにでも取り入れることが可能なのではないだろうか。

相談をしたい相手には「1 on 1」のリクエストが徹底

ちなみに私がマーケットプレイスとアマゾンビジネスを統括していた4年間は、日本国内に直属の上司がいなかったので、毎週、アメリカ本社の上司である米国以外の海外ビジネスを統括するバイスプレジデントと電話で「1 on 1」を行っていた。

上司が日頃そばにいれば、会う機会、説明する機会も多いのだが、このような関係だと、限られた時間の「1 on 1」を効率的に進めるために、私は、毎回、事前に「今日のトピック」をリストアップし、さらに報告と決裁に分けて議論していた。その中に、時には自分のゴールの進捗についても含めていた。

また、もちろん、職級や肩書きはあるのだが、日本企業でよくあるように上司を「〇〇部長」「〇〇課長」などといった肩書き付きで呼ぶことはない。新人から管理職に至るまで、アマゾン社内におけるこうした仕組みは公平で、濃密なコミュニケーションが仕組みとして定められていることで、とてもフラットな人間関係が浸透している印象だった。

とはいえ厳格なヒエラルキーは存在し、たとえば私が統括していた部署の数百人のメンバーの中には、私が雲の上の存在で話しづらいと感じていた人がいるのも事実ではある。

ただ、私もそうだったが、自分がアプローチして何らかの相談をしたい相手に1 on 1

のリクエストをすると、必ず受けてくれるという文化がある。

私の場合は、本社のコンシューマー部門（小売、マーケットプレイス事業）のＣＥＯに1 on 1をリクエストして、訪米の際に会って相談したこともある。比較的フラットな組織をどのように利用するかはその人次第で、それによりパフォーマンスに差が出てきてしまうのである。

アマゾンはそのような仕組みは提供するが全部を丁寧に、やさしく、親切にお膳立てしてくれるわけではない。その仕組みをどう活用するかはその人次第で、自分から積極的に行動することが求められる。要は静かに黙っている、行動しない、目立たない人は評価されないのである。

このように、目標が明確で、優秀な人材の成長をサポートする仕組みが用意され、昇進へのモチベーションを高めていることが、アマゾンの急速な成長を支える一因にもなっているといえるだろう。

三つの公平にして厳格な「人事評価」

人事評価[51]の基準は、一般的な企業に比べて公平にして厳格だ。基準には大きく分けて三つの側面がある。

一つ目が、先ほど挙げた「ＳＭＡＲＴゴール」に対するパフォーマンスの達成度である。基本的には４月～翌年３月の１年間の目標を設定した上で、中間の９月に一度、進捗確認をし、３月に評価が決定する。

直属の上司とのミーティングにおいて、測定可能な達成度として示されるから、評価は非常に明確だ。達成度は５段階に分けられる。Outstandingと呼ばれる目標をはるかに超えた最高のパフォーマンスを出したレベルから、Unsatisfactoryと呼ばれるほとんど成果を出せず早急なる改善が必要なレベルまでに分けられる。達成度の段階的な評価自体は、多くの企業で行われているだろう。

二つ目が、リーダーシップ・プリンシプルをベースとしたその人のリーダーシップ、仕事の進め方などの評価である。何度も言うようにリーダーシップ・プリンシプルはアマゾンの「基準」なので、それに沿った行動ができているかどうかは重要な評価軸である。評価は３段階で、お手本になったという意味での最高の「Role Model（ロールモデル）」から、最低のもっとバリューを出しなさいという「Development needed（ディベロプメントニード）」となっている。

この評価決定方法がユニークだ。普通の会社であれば評価は上司が部下に下すもの。でもアマゾンでは直属の上司に加え、同僚や部下、仕事で関係した社内他部署の担当者など、３６０度からのフィードバックが加味される。フィードバックは、いつ、どの場面で、どのリーダーシップ・プリンシプルが、どのように発揮されたのか、もしくは悪かったのかを具体的に書かなければならない。

同僚や他部署関係者には自分でフィードバックの依頼をするのに加え、さらに上司が追加で他からのフィードバックを取ることもある。最終的にはその社員に対して集まった10数名分以上の評価を総合して客観的な評価が決定される仕組みになっている。

フィードバックを依頼されて書くほうも真剣だ。そのフィードバックを頼んできた人の上司が読むからである。内容が的外れだったりするとフィードバックをした人の心象が悪くなることもあるので、フィードバックのクオリティーには注意を払う必要がある。

私は常に数十人からフィードバックを依頼されていた。具体的な事例を持って書かなければならないので、常日頃から関係者の行動や言動、それによってもたらされた効果などを記憶にとどめるようにしていた。あまり覚えのない、関係の薄い人からのフィードバックの依頼は断ることもできる。

最後の三つ目は「成長性」の評価。

会社が急成長しており外部からの採用だけでは間に合わず、既存社員の育成、ストレッチ登用、そしてなるべく速く昇格させレベルの高い仕事を任せることが必要になっているアマゾンは、メンバーの成長性も重要視している。

評価は一般的な3段階で、最高のHighは4年以内に職級であるレベルが2段階上がる可能性のあるメンバー、最低のLimitedは昇格の可能性がないメンバーに分けられる。

三つの評価結果を掛け合わせた最終的な総合評価は直属上司の役割だが、それだけではせっかくの360度フィードバックも加味されず、その上司と評価される部下の人間関係が必要以上に影響してしまう懸念がある。そのため、各部署の評価を事業部門ごとに、その配下の部門長クラスの人間が集まり全て再チェックする「Calibration（キャリブレーション）＝調整」が行われる。

ここでは、たとえば、「この人、Invent and Simplifyで高い評価だけど、どの事例が当てはまるの？」「この人、Customer Obsessionにおいて評価が低いけど、この場面でリーダーシップを発揮していたよ」、「なぜ、この人の評価は低いの？」などと議論をしながら評価を調整、変更していくのである。

人事評価に100％の客観性、公平性はあり得ないとはいえ、多くの視点から明確な基準で評価することで、アマゾンの評価システムはかなりハイレベルの客観性、公平性を獲得しているといえるだろう。

たとえば、優秀ではない、尊敬できない上司がいて、主観的に不当な評価を受けたとしよう。しかし、その部下は上司の評価もできるし、３６０度評価により、その上司の上司には公平なフィードバックが多く集まってくるのだ。

その結果、その尊敬できない上司は淘汰《とうた》されることになるだろう。なので、一時的な不公平が起こる可能性はゼロではないが、一般的に、どの会社にも起こりうる「何でこんな人が自分より役職が上なんだろう?」「このような上司にはついていけない」などと、退社後、同僚と酒をのみながら愚痴をいうような状況は少なく、必ずと言っていいほど浄化作用が効いていくのである。

私も非常に優秀で高く評価していた直属の部下がいたものの、３６０度評価のフィードバックを読んでみると、どうやら二面性を持っていて、パワハラの問題を抱えていることを知り、自分の見方を改め、その部下をコーチングしたこともあった。

私自身に伝えられた３６０度フィードバックの中には自分の至らない点が指摘されていたし、また、尊敬されている面も理解することができた。あらためて客観的に自分の強み、そして弱みである改善点を再確認することができ、その後のリーダーシップの取り方の参考にした。

少し脱線するが、評価には１００％の公平性はないという点であるが、私が部署を異動する際にメンバーに残したメッセージが四つあるのだが、そのうちの一つを紹介したい。

最後のメッセージ

皆さんお疲れ様です。

何名かの方から、その①、その②のメッセージについての感想をｅｍａｉｌでの返信や、直接の言葉をいただきました。少なくとも、その方たちには何らかを考えるきっかけになったようでうれしいです。その会話の中で、共通した悩みがあるように感じたので、それをUnfairnessとCareer（不公平とキャリア）というようにまとめて、あくまでも私見を述べたいと思います。会社の方針ではないので、皆さんに何ら影響を与えるものではありません。

さて、皆さん、この世の中、それはビジネスであっても、私生活であっても、Ｆａｉｒ、即ち公平なことばかりでしょうか？　少なからず、理不尽なこと、不公平と感じることに対し、皆さんは時々、もしかしたら毎日、直面していませんか？

なぜならば、それぞれ価値観が異なる人達が集団となっているのが、チームであり、事業体であり、会社であり、社会、マーケットであり、そして、それぞれ価値観が異なっているがゆえに感じ方が違い、時として不公平と感じるのです。

ということは、さまざまな場面で決断されることは、主観的には全てが公平であることはありえません。長期的にみれば、いろいろな人々と関わることによって、平準化され、不公平と感じることも是正されていくでしょうが、短期的、場面場面、それはたとえば、理論的に正しいと思う自分の考えが受け入れてもらえないことであったり、忙しい時に新たなタスクが降ってくる時であったり、上司の判断が間違っていると感じる時であったり、皆さんが不公平と感じることを拭い去ることはできないかもしれません。

不公平は、時に人のプロモーションでも関わってくるでしょう。異常なスピードで拡大するＡｍａｚｏｎのビジネス、それを支える組織の拡大ですが、リーダーシップ・プリンシプルという骨幹で支えられているものの、それを尺度にプロモーションを判断するのはやはり価値観が異なる人間なのです。

急成長の組織を支えるために、他社と比較すると早いスピードで人々を育成し、上に上げていこうという状況に、歪《ゆが》みがでることもあります。１００％公平な人事を目指していても、必ず、見る人によっては捉え方が違うからです。要は「なぜ、あの人が？」「なぜ、私がダメなのか？」といった具合でしょうか。

そのような多少不公平な環境の中、皆さんは自分の実力を冷静に分析し、成長段階における現在置かれている自分のステージを理解してください。周りを見て焦る気持ち、悔しい思いを、さらなるやる気に繋げることももちろん重要ですので、すぐに行動に移してください。一方、周りに流されずに、自分を客観的に見つめ、自分の速度で一歩一歩、階段を登っていくことも素晴らしい選択肢だと思います。

不公平は時間によって是正されるし、見ている人は見ています。不公平であっても、ずっとそのままではありません。そして、自分に来たチャンスを敏感に感じ取って、この時とばかりに一気《いっき》呵成《かせい》にそのチャンスをがむしゃらに取りに行ってください。どんなチャンスだって？ 具体的にどんなこと？ 私が何を言っているのか、皆さんが一番、理解しているのではないでしょうか。なぜならば、時に人は自らを鈍感にし、気が付かないふりをするからだと思っています。私も皆さんと同じで何も変わりません。

組織ですから、いろいろな人がいていいと思います。しかしながら、仮に不公平と感じている人がいるとしたら、何らかの行動をすることを勧めます。おまえに言われなくてもわかっているよという方たちには余計なお世話かもしれませんね！

皆さんの輝ける未来が楽しみですね。心より応援しています。

責任ある仕事をこなせる役職者は常に足りない

マネージャークラス以上の役職者については、「Hire and Develop The Best」に対する荷重が高く、優秀な社員をどのくらい採用できたか、何人の部下を昇格させることができたかという点が評価に大きく加味されるのは前述した通りである。

評価に沿った昇進などの基準も世界共通で明確だ。

最終的な評価は、「トップ」「ミドル」「ロー」とそれぞれ決まった割合に振り分けられる。昇進する者はおおよそ2年以上連続してトップパフォーマーと評価された者の中から選ばれる。

マネージャークラス以上の昇進については、直属の上司が役員会議にその社員の昇進を提案し「プロモーション」の審議が行われる。アマゾン入社前後の経験、昇進理由、リーダーシップ・プリンシプルにおいて、どのようなリーダーシップを発揮し、数字的にどのくらいのインパクトを与える貢献をしたか、何を持って、次のレベルのバーを超えているのかを申請ドキュメントに記載する。ある程度のテンプレート項目はあるが自由記述に近い書式だ。

さらに、そのメンバーのプロモーションを支持する人たちのフィードバック（対象者の職級以上のメンバーによるもの）が重要で、なぜそのメンバーを昇進させるべきなのかを、もしくは反対意見も記載するべく、上司は関係者に評価を依頼しなければならない。

質の高いドキュメントを要求されるので、事前準備にはかなりの労力をかける渾身《こんしん》の申請となる。さらに、全て英語のドキュメントにしてプレゼンテーションを行うので、上司の力量もテストされることになる。直属上司にとっては一人でも多くの部下を昇進させることが自らの評価にも繋がるため、プロモーションは役員に対する自己アピールの場であるともいえる。

従って、あくまでも昇進の決定は実力主義、当然ではあるが、いわゆる年功序列といった配慮はまったく介在しない。逆に言うと、このドキュメント作成のプロセスや質疑応答ベースでのプレゼンテーションで力を発揮できない上司についた部下は不幸なことになる。

また、トップパフォーマーとなり、プロモーションを果たしても、翌年の一つ上の評価基準ではローパフォーマーになってしまうケースもある。よって本当に実力が相応についているかどうかを評価する必要があるので、積極的な昇進制度ではあるが、時にあと半年、いや1年待とうという判断が下される場合も多くある。実際に働く者としてはなかなか厳しい世界ではあり、その時期の社内の雰囲気は決していいものだけではないが、結果としてアマゾンには優秀な人材が残り、さらに新しい優秀な人材が入ってくるという好循環となっている。

そんなに早く昇進を促して、役職者の上が詰まってしまうのではないかと思う方もいるだろう。でも、アマゾンは急速に成長しており、責任ある仕事をこなせる役職者は常に足りない状況が続いている。したがって、どんどん昇進するチャンスは開けている。

特に、職級が上がるほどに米国本社に対しての存在感を増し関係部署を巻き込む高いパフォーマンスを求められる。シニアマネージャーやディレクター、バイスプレジデントといった役職に外部から人材を採用することも数多いが、別の企業でいかに活躍していた人であってもアマゾンのカルチャーと合わず、パフォーマンスが出せず短期間で退職していく人も多い。決してアマゾンの社員が優れているということではなく、要はアマゾンが求めているリーダーシップの考え方が合わない人もいるということだ。

アマゾンが抱える組織上のリスク

アマゾンでは、「Span of control（スパンオブコントロール）」というものがあり、各役職者の最小管掌範囲が決められている。通常、マネージャーの肩書きがつくのは、部下が3名以上いる場合のみだ。「Manager of Managers」（マネージャーのマネージャー）、すなわち、そのマネージャーの上司、この場合は、シニアマネージャー以上が対象だが、6名以上の部下がいることが条件になる。管掌すべきビジネスのコンプレキシティー（複雑性）を部下の人数で測っている。なお、マネージャーとは日系企業の「課長」のことを指すのではなく、この場合は管理職全てを指している。

マネージャーが管理できるビジネスの規模、管掌範囲、複雑性、組織規模などに限界があるだろうか。私はやはり人間の管理能力には限界があると考える。私の場合、ハードライン事業本部時代には、14名もの直属の部下、すなわち14近い事業部、組織サイズは数百名と、まさに限界を超えていた。たとえば、部下との1 on 1だけで一週間のうち7〜14時間が費やされるのだ。

その限界値とは分かりやすい組織規模の数字で言うと、直属部下で6名程度、要は6のファンクション（機能）ぐらいではないかと経験上、考えている。まさに、アマゾンのルールにおけるManager of Managersの最低カバー範囲と一致する。それぞれの6名の部下に3名の部下がつくとすると、組織規模は18名ということになる。さらに、その下に部下をつければ、組織はいくらでも縦に広げられる理論にはなるが、経験則として実際にはマネージャーとして直属である部下のその下までの2階層までしか把握できないのではないだろうか。

３階層以下を持つと、組織は次のステージ、「Delegation（デリゲーション）」「Empowerment（エンパワーメント）」により直属の各部下（リーダー）に権限委譲を進めないと、グリップを失い情報伝達も遅くなり、マネージャー自身がボトルネックとなり決断が遅くなる結果になる。

ということは、さらなるファンクションがビジネスの拡大のプロセスにおいて必要になった時には、チームを分割し、新たなマネージャーを登用し、そのマネージャーが管掌できる範囲にしてあげることが重要だ。それが、それぞれのチームを機能的に保つ上で重要な、そして基本的な組織デザインとなる。

フラットな組織が機能的と言われている今日、事業の規模によっては、逆に縦に組織が長くなることもありえる。その際は、組織の情報伝達方法、複数の部門に横串を通すクロスファンクショナルな仕組みを構築して、組織の活性化、無駄を省いていかなければならない。

一方、この小さな機能的な組織は時に、マネージャーの欲望とは異なる。なぜなら、たとえば売上規模であったり、管掌組織規模が大きいことに自負心を持つからだ。そして、機能的な組織に反して、自身の責任範囲を拡大し、組織を拡大したがる。それに加えて、マネージャーはモチベーションが高まり、リーダーシップという名のもとにチームをまとめようとする。実はそこに落とし穴がある。

それぞれのマネージャーは自己顕示欲を見せはじめ、自分のチームを守りはじめる。マネージャーは一目置かれたいし、自分のチームを他より良くしたいし、良く見られたいし、チームを固めはじめる。それがセクショナリズムに発展する危険性をはらんでいる。

実は、私にも同じことが起きていた。ハードライン事業本部を統括していた時もチームビルディングの一貫として組織文化を作り上げ、そこに達成感を持った。その後、セラーサービス事業本部に異動しても組織規模やビジネスサイズに自負心を持ち、自己顕示欲が芽生えた。

気が付けば、社内に対し、キチンとしたバリューが出せていたのか、他部門とシナジーを持って最大のパフォーマンスを出していたのか、内向きのマネージメントではなかったのかと自問した。常にトップでいたい、なりたい願望があり、お山の大将的な私らしい。しかし一方で、それが時には自分の成長の邪魔をすることに気が付いたのであった。

急速に拡大している会社では、いろいろなファンクションが増え、効率的な組織を作るため分割されていくべきだと考える。それぞれが、チーム、組織が機能別にならざるをえないのは企業が成長していく上で避けられない。

完璧な組織、会社はない。アマゾンも組織上のリスクは抱えている。機能別組織が増え、各マネージャーが自己顕示欲を見せ、セクショナリズムが発生しそうになっても、「Customer Obsession」を軸とする「リーダーシップ・プリンシプル」がアマゾニアンの最後の拠り所として、そして是正機能としてはたらくのだ。

ジェフ・ベゾスの報酬

報酬制度については、基本給と「ＲＳＵ（Restricted Stock Units)」と呼ばれる制限付き株式報酬に分かれる。トップパフォーマーや成長性が高いと評価されたメンバーには、基本給の昇給だけではなく、２〜４年間に分けて Amazon.com の株式が付与される。仮に翌年に退職すればその株式はもらえなくなるが、２〜４年勤務すれば約束された株式が付与される。

それが「Retention plan（リテンションプラン）」と呼ばれる優秀な社員の引き止め施策である。社員によっては、基本給の年棒の何倍ものＲＳＵを付与される者もいるし、現在までアッ

名前	給与（千ドル）	株式（千ドル）	合計（千ドル）	日本円（百万円）
Jeffrey P. Bezos, CEO	82	1,600	1,682	185
Andrew R. Jassy, CEO AWS	175	35,673	35,848	3,943
Brian T. Olsavsky, SVP & CFO	160	17,014	17,174	1,889
David A. Zapolsky, SVP General Counsel	160	17,014	17,174	1,889
David H. Clark, CEO Worldwide consumer	160	46,129	46,289	5,092

プダウンはあるもののアマゾンの株価は上昇し続けており、社員が財産形成をできる仕組みになっている。

ちなみに、下世話ではあるが、興味深い情報として、２０２１年に米国 Security & Exchange Commission（証券取引委員会）に報告された[52]Amazon.comのExecutive Officerの２０２０年の給与額のデータがある。

David H.Clarkが50億円、Andrew R.Jassy が40億円というから驚きだ。

第6章　「Still Day One」――「常に1日目」の精神

強力で巧みな企業統治（ガバナンス）と企業文化

ここまで、アマゾンのビジネスモデルや人材に関する考え方や施策について紹介してきた。全ては「成長のためのメカニズム」という言葉に集約できる。

では、アマゾンではどうしてこのように厳格で緻密なメカニズムの追求を実践できているのだろうか。

一つは、ジェフ・ベゾスが示したフライングホイールによるビジネスモデルにおいて、顧客中心主義によって成長を目指すという目標がシンプルで明確なこと。そして、それを具現化し、その目標を達成するための人材の採用、育成の仕組みがあること。さらに、これから述べる企業文化がさまざまな側面から形成され、熟成されていることによる。

この章では、アマゾンの企業文化を形成するファクター（要素）について、読者の皆さんもいいなと感じるものがあれば実行しやすいよう、事例を挙げて紹介していく。

「メトリクス」――アウトプットではなくインプット

アマゾンでは、評価基準、指標を「Metrics（メトリクス）」と呼んでいる。多くの会社では、KPI（Key Performance Indicator＝重要業績評価指標）として経営管理に使用されているかもしれない。メトリクスには二つあり、一つは、結果・遅行指標である「アウトプット」指標である。例えば、株価はアマゾンが言うところのアウトプットであり、それを直接コントロールする能力はほとんどない。さらに、売上や利益などもアウトプットに含まれる。

一方、もう一つの先行指標である「インプット」指標は、売上や利益などのアウトプット指標に最終的に影響を与え自分が直接コントロールできるものだ。よって、インプットがアウトプットにどのように影響するかを理解する必要がある。

アマゾンは日々の努力のほとんどをアウトプットではなく、このコントロール可能なインプットに注いでいる。インプットは、例えば、前述の「顧客満足度を高める3本の柱」である品揃え、価格、利便性などを追うもので、アマゾンの担当社員は新しい商品を追加したり、価格を下げるために仕入れ値を交渉し下げたり、顧客への迅速な配送を可能にするために在庫を置くなどのアクションによってコントロールできる要素だ。また、新規顧客数もマーケティング施策などによってコントロール可能だ。

アウトプット、つまり、アマゾンにとって株価、売上、注文数、収益、利益などはもちろん重要だが、長期的に持続可能な方法で直接操作することはできない。時には、経済、気候、災害などによってさらに操作することは難しくなる。アウトプットに望ましい結果をもたらす因果律であるインプットを適切に設定しコントロールを行い、それを継続的に測定していくのだ。

それぞれの事業チームが、ビジネス内容によって異なったメトリクスを追っているが、それらはコントロールできるがゆえに、各チームの達成へのコミットメントとなる。よって、事業部長などのビジネスオーナーは対目標比や対前年比などの差異を分析し、理解し、アクションを打っていく。WBR（Weekly Business Review——週次レビューミーティング）の事前にビジネスオーナーは担当領域のメトリクスを繰り返し差異分析をすることで、すぐに傾向を見極めることができるようになる。そして、それを事業に寄り添ってサポートするのが、後述するファイナンスパートナーである。

１００以上のターゲット（目標）を設定

企業文化とは日常の集積だ。毎日の仕事の中で、アマゾンならではの考え方や行動様式が徹底されている。

ディスカッションも分析したデータを元に、たとえば「＋50％の増加が目標」「50ＢＰＳ（０・５％）改善する」など、常に具体的な数値を示すことが要求される。

そして目標達成度は「メトリクス」で管理して愚直に追いかけていかなければいけない。

たとえば、私がマーケットプレイスを統括していた時には１００以上のターゲット（目標）を設定していた。内容は「Deliver Results」で説明したように売上や利益といった外的要因による「アウトプット」ではなく、「商品数」「出品者数」「ＦＢＡ利用率」や「新サービスのローンチ」など、自らの仕事でコントロール、達成できる「インプット」が重視される。

また、ターゲットは質や内容によって、いくつかのレベルに分けられる。

最も重要なターゲットは「S Team Goal」と呼ばれる。シアトルにある本社のＳ Ｔｅａｍ（エス チーム）とは「Senior Leadership Team」、つまり米国本社トップのメンバーが関与するターゲットであることを意味しており、各部門の責任者がＳ Ｔｅａｍに目標達成をコミットし、定例会議で進捗を報告する必要がある。

次に「QBR（Quarterly Business Review）」というレベルがあり、ここに位置づけられた案件は各国各部署の業務を統括する米国本社のバイスプレジデントやシニアバイスプレジデントにコミットして四半期に一度のビジネスレビューで進捗を報告する必要がある。

その下になるレベルが「MBR（Monthly Business Review）」で、つまり月次報告書と共にトラッキングし、それぞれの事業本部内で完結するターゲットである。さらに「Team goal」と呼ばれるレベルのターゲットは、経営幹部にコミットするまでもなく、それぞれのチーム内で目標を設定して達成を目指すものになる。

ターゲット設定のコミットと愚直なトラッキングが世界共通の仕組みとして確立していることが、アマゾン社内の仕事を厳しくも円滑に、継続的に進めていく原動力になっているのである。

「Tenets（テネッツ）」で事業の信条を定義

「Tenets（テネッツ）」と呼ばれる教義、信条、基本原則などと訳されるものも重要視される。何か、新しいプロジェクト、サービスなどをプランニングする際に、まずはこのテネッツを決める。「リーダーシップ・プリンシプル」は、アマゾンの企業文化の根幹として行動規範になるものであるが、「Tenets（テネッツ）」は各事業やサービスごとに設定する。「そもそも、この事業やサービスは何のためにあるのか？」という信条を定義し、事業やサービス拡大の際や機能追加などの企画や決断の場面で立ち返るのである。たとえば、私が最後に統括したB2Bのサービス、Amazon Businessのテネッツは六つある。公開されている情報ではないので、差し障りのない一点だけを要約して紹介する。

"Our customers range from individual owner operators to enterprise businesses worldwide, and we will recognize that they have different needs that must be met."
「顧客は世界中の個人事業主から大企業まで多岐にわたり、顧客のニーズはそれぞれ異なり、我々はそれに応えなければならない」

コンシューマービジネスにおいては、あまり国ごとに機能を変更しないアマゾンではあるが、B2Bでは国ごとに商慣習も違えば、ニーズが違う。そのため、日本のビジネス顧客用に特別機能を開発しなければならない時も、このテネッツがあったからこそ、スムースにリクエストが認められ、開発を進めることができた。

たとえば、購買の社内稟議に必要な見積書の作成、月末締め翌月末払いの特殊な支払いサイトなどが日本独自に開発した機能だ。

各ビジネスユニット（事業部）に配置される「ファイナンスパートナー」

Governance（ガバナンス）を直訳すると「統治」や「支配」といった意味となり、日本人にとってはやや窮屈《きゅうくつ》に感じる言葉ではあるが、国内の企業でも社内のガバナンスの重要性は広く認識されつつある。アマゾンは、高度なガバナンスが徹底された企業となっている。

いくつか、ガバナンスに関するアマゾン社内の特徴的な仕組みを列記していこう。

まず、各事業部には「ファイナンスパートナー」と呼ばれる「ファイナンス」を担当する人材が配置されている。私はいくつかの事業本部長を歴任してきた中で、どの部署でも専任担当のファイナンスパートナーが1名から数名ついたが、彼らは私の部下ではない。全員が独立したファイナンス部門へ直接レポートする構造だ。

「ファイナンス」というと資金調達や経理的な経費精算、キャッシュの流れなどを管理する財務に関する仕事を想像するが、彼らがチェックするのはそれではない。ビジネスファイナンスとして、担当事業部で進行中のさまざまなプロジェクトについての目標に対する進捗管理、監査を含む予実（予算と実績）管理、新規プロジェクトを含む次年度予算の数値的な実効性の精査を行う。

売上、利益などのアウトプットだけではなく、設定されたメトリクスのインプットの相関数値を分析し、プロジェクトの進捗、リスクとオポチュニティー（機会、好機）を各事業責任者に提言、同時にファイナンス部門にも報告するのがファイナンスパートナーの仕事なのである。

事業責任者として「隠せることは何もない」、丸裸であるというのが率直な感想だ。このメカニズムにより、リスクとオポチュニティーが早期に発見され、たとえば問題が大きくなってから発覚することなどが最小限に抑えられる。

時には、事業責任者に対して、数字的見地から変更、ストップをかけることもある。とはいえ、お目付役としてただ目障りな存在というわけではない。なにしろ、彼らはそのビジネスユニットで動いている仕事のさまざまなデータをほぼ完璧に把握している。

プロジェクトの企画立案などで「こんなデータが欲しいんだけど」と相談すれば、すごいスピードで分析をし、データを提示してくれる。また、事業経営をする中でなすべきさまざまな判断を数値的分析からサポートしてくれる。データを読み解くスキルに長《た》けた人材として、まさに事業のパートナーとして機能しており、本当に頼りにしていたし、言葉は悪いが重宝していた。

業績分析は「1BPS＝0・01％」の差を重要視

あらゆることを「Dive Deep」（深掘り）して、数字で判断することが求められるのも、アマゾンならではの企業カルチャーとなっている。そして、社員が誰でもさまざまなデータを「Dive deep」するための環境整備が進んでいる。

たとえば、社内のあらゆるデータはシステム上に集約され、社員各自がアクセスして確認できるよう整理されている。仮に膨大な生データをエクセルなどのアプリケーションで整理する方法だと、個人のスキルに左右されるし、また要素が大きすぎて間違いも生じやすい。

もちろん全てのデータに全社員がアクセスできるのではなく、職級や職種によって閲覧できるデータへの権限が定められている。このシステムも世界共通であり、部門ごと、商品カテゴリーごとなど、細分化されたさまざまなデータが提供されているのである。

アクセス権さえあれば、たとえばアマゾンジャパンの生鮮食料品の担当者が、戦略策定の参考にするために、アマゾンの英国での生鮮食料品の月次売上推移と売れ筋商品とその売上と利益を調べたいといった時にも、詳細な情報まで瞬時に取り出すことが可能である。

メトリクスといった、社内会議などで必ず求められるデータについては、数回のクリックで的確にアクセスできるようシステムが自動化されている。知りたい期間、たとえば、週次、月次、四半期次、そして半期ごとの知りたいデータに素早くアクセスできることが、進捗を確認し、次のアクションプランを練るミーティングの精度を効率よく高めることに役立っているのである。

「Active Base Costing（アクティブベースコスティング）」、通称「ABC」と呼ばれる活動基準原価計算により商品単位までの利益率が把握できるなど管理会計の制度が優れており、合理的に精度の高いデータにアクセスできる。

業績などの分析ではいわゆる「BPS」（べップスと呼ばれる）の単位にまで細かく議論されるのが普通になっている。通信回線速度などを表す「bits per second」ではない。金融の業界で利回りなどの最低単位として用いられることが多い万分率である「basis points（ベーシスポイント）」のことで、単位としては1BPSである「0・01％」の差が重要視されているのだ。

ただし、これも至極当然のこと。アマゾンはすでに数兆円のビジネスを展開している。1000万円の1BPS（0・01％）は1000円に過ぎないが、1兆円の1BPSは1000万円という大きな数字になってくる。「Customer Obsession」が優先ながらも、企業として当然のことながら、商品カテゴリーごとやメーカーごとに徹底して利益率など、その改善を図る努力をしていた。

ピラミッド型のヒエラルキー「エスカレーション」システム

職級や役職が世界共通で、下すべき決断のレベルや動かせる予算額などが明確であることもガバナンスの徹底に寄与している。組織の雰囲気はフラットではあるが、ピラミッド型のヒエラルキーは明確だ。

たとえば、直属上司よりもさらに上の上席者に指示を仰ぐ、「エスカレ」と呼ばれる「Escalation（エスカレーション）」がスピーディに機能する。

私の最終的な職級はレベル8のディレクターだった。レベル7のシニアマネージャーがプロジェクトを立ち上げ、進める上で関係部署の同じくレベル7のシニアマネージャーに協力を仰いだが、その相手の部署の優先順位もある中、なかなか動いてくれない。もしくは、そのシニアマネージャーの権限を越えた予算や人材を動かす判断が必要となり進まない場合であれば、より大きな権限をもった私に相談が上がってくる。

相談を受けた私が、この案件は絶対的に早急に進めるべきと判断すれば、関係部署のさらに上のレベル8や10の責任者にその案件を進めるようにリクエストをする。ヒエラルキー上での権限が明確であることにより、さらにグローバルでレベルごとの権限が同様であるため、このエスカレが海を越えてでもスムーズに実践されるカルチャー、「基準」が確立されているのである。

日本企業では本社の課長が海外支社の部長より実質的な立場が上といったこともありがちだが、アマゾンでの職級は世界共通だ。「Disagree and Commit」のカルチャーが浸透しているのでディスカッションは活発だが、いったん決断を下したら、米国本社でレベル7の社員にとってもレベル8である私の指示は絶対的な上司の指示ということになる。

社内で同時進行する数多くのプロジェクト全体を管理する仕組みも確立されている。ポイントとなるのがアマゾン社内で基本的な「会議体」となっている定例会議だ。部門ごとに毎週、決まった曜日の同じ時間に定例会議を設定する。会議体の名称は他社でもよく使われるWeekly Business Review（通称WBR）だ。

たとえば、私が統括していた各部門で動く細かなプロジェクトについては可能な範囲で権限委譲は行うのだが、この会議体で私が報告を受け、「Dive Deep」をして、その場で決断をする。そうすることで、私は統括する複数の部門の動きを効率的に把握できる。また、メンバーには私が「決裁者」であると徹底されることによって、必ず情報が集まるようになり、プライオリティー（優先順位）をつけて最適なリソース（資源、投資）配分が可能になる。

さらに、私はその週のＷＢＲでメトリクスの差異分析結果とアクションプランの説明を行い、さらに他の重要事項を米国本社に報告、私の権限では決断できなかった内容があれば、決裁を仰ぐ。結果、情報が米国本社に集約され、本社は同じようにリソース配分を全体の枠の中で判断ができる効率的な仕組みになっているのだ。

ＩＴシステム開発についての権限が米国本社に集約されているのも、世界共通のサービスを確立するためのガバナンス、「基準」といえる。

実際にプログラムを書くエンジニアチームは米国、インドを中心に世界各国に散在しているが、全ての開発チームは米国本社が直轄する仕組みになっている。たとえば、日本でポイント制度を導入したいと考えても、まずは米国本社に是非の承諾を取り、そのためのシステム開発のリソース配分を受ける必要がある。各国の拠点が勝手に独自のシステムを導入できないようになっているということだ。

意外と少ないとはいえ世界21カ国で共通のビジネスモデルを展開しているのがアマゾンである。各国が勝手に独自のシステムを開発し導入することを許してしまえば、たちまちガラパゴス化が進み、シナジー効果を出すこともできなくなってしまうだろう。多くの会社がこのガラパゴス化を許してしまっているのではないだろうか。

世界共通のサービスを「基準」として完成度を高めるために、システム開発の集約化は賢明な策だといえる。そのような中で、新規プロジェクトや新年度予算の承認を取り、開発のリソースを配分してもらうことは各事業責任者にとって非常に重要なことであり、そのための調査、プランニング、そして提案書であるドキュメントを説得力のあるものにしなければならない。

シングルスレッド・リーダーシップ

前述のリーダーシップ・プリンシプルのBias for Actionで述べた通り、ビジネスにはスピードが重要である。しかし、実際は多くの企業では承認や説明などを何度も行う官僚主義的なプロセスに時間を割き、スピーディーな決断による前進を妨げているのではないだろうか。

アマゾンには「シングルスレッド・リーダーシップ」と呼ばれる組織デザイン手法がある。シングルスレッドはＩＴ用語で並行処理が発生しない、一つのことしかやらないという意味である。その名の通り、一人のリーダーが一つの主要なタスク、イニシアチブを持ち、その目標を達成するために自律的なチームを率いるというものである。

アマゾンも爆発的な成長が逆にイノベーションのスピードを遅らせていたことがある。調整に多くの時間を費やしていた。多くの場合は開発、エンジニア部門で起こっていたことであるが、ビジネス、サービスが拡大し、機能も増え続けることにより、結果としてアプリケーション、ソフトウェアが増えていった。それにつれて、開発エンジニアが増えるが、密結合したソフトウェアによりそれぞれの仕事が重なり合い単独チームで仕事をすることが難しくなり、密結合した組織構造での依存関係を管理するために新たな調整が必要になってしまっていたのである。調整とは、本来なら不必要なコミュニケーションである。一時は、予算策定時に戦略イニシアチブが承認され開発のリクエストをしても、リリースまでに2年もかかるなんてこともあり現場には欲求不満が溜まっていた。

一つ目の解決策としては、それぞれのアプリケーション、ソフトウェアにＡＰＩ（Application Programming Interfaceと呼ばれるアプリケーションの一部を公開し、他アプリケーションと繋ぎやすくするインターフェース）を構築した。二つ目は、前述のリーダーシップ・プリンシプルの「Frugality」で述べた「２ピザチーム」がその解決方法として導入された。２枚のピザを分け合える10名程度の小さな独立チームに開発エンジニアを再編成し、複数の分野での経験豊富なシニアリーダーが率い、デザイン、テクノロジー、ビジネスの結果に責任を持つビジネスオーナーになった。

現在は、開発部門に関わらず、「シングルスレッド・リーダーシップ」という考えが定着しており、重要な要素は、タスクに対して掛け持ちをしない専任の「シングルスレッド・リーダー」によってチームがリードされていることである。チームは、特定の機能のオーナーシップを明確に持ち、他者への依存や影響を最小限に抑えながらイノベーションを推進することができる。また、従来のチームに比べて組織的な依存関係が少なく、自分たちのリソース、他のチームとの境界線を明確に定めることができ、十分な自律性を持っている。

シングルスレッド・リーダーシップは高速なイノベーションを実現し、その結果、アマゾンは現在のように巨大になっても軽快で迅速な対応が可能になっている。

数百に上る「アマゾン用語」

リーダーシップ・プリンシプルがシンプルなワードで構成されていることも、ガバナンスに効果を発揮している。「Customer Obsession」や「Dive Deep」といった各項目が、国境を越えてアマゾニアンの共通言語となっているからである。

全社員はリーダーシップ・プリンシプルを徹底的に身につけることを求められているので、たとえば「Bias for Action」というワードを使えば「求められているのはスピード」であることや「計算した上でリスクを取ることに価値がある」といった説明文で付記されている意味までを共有できる。

リーダーシップ・プリンシプルのワード以外にも、アマゾニアンが好んで日常会話の中で用いる特殊な単語や略語である「アマゾン用語」は100や200ではきかないだろう。たとえば、「CRAP（クラップ）」はCan't Realize a Profitの略語で「利益が出ない商品」という意味になる。こうした共通言語の使用も推奨することで、国境や職級を越えた結束力を高め、コミュニケーションを効率化し、生産性を向上させている。

アマゾンのビジネスモデルは構造的に薄利であり「Deliver Results」として求められる結果は売上や利益ではなく、ビジネスモデルの成長に繋がる「インプット」であることは前述した。とはいえ、利益率など、細かな数字に対する経営陣の追及は手厳しい。たとえば、マンスリーの利益率が前月比で０・２ポイント落ちたとすれば、その原因や対策を徹底的に質問される。

私が入社した当初はまだベンチャースピリッツが色濃く残っていた。毎年、数倍の勢いで成長はしているが利益がついてこない家電系の事業も統括していた私は、テレビ会議で米国本社の経営層からカメラに向けてペンを投げつけられたこともあった。スローモーションのようにこちら側のモニター画面にペンがぶつかったことを覚えている。また、ビジネスプランを「全然ダメだ！」と罵倒されながら投げ捨てられるようなことも珍しくなかった。

アマゾンも最初から優等生ではなかった。このような暗黒の時代も経て、現在ではコンプライアンスが徹底されてパワハラまがいの行為はなくなっているが、特に経営層に近づくほど冷徹に結果を求め、厳格かつロジカルに成果を追求するカルチャーは揺らいでいない。そして、アマゾンでも職級が低いメンバーと経営層に近いレベルでは入ってくる情報量、情報の質も違えば見える景色も違う。

ただ、社員全員が同じ情報を持っていても仕方がない。経営層はシビアな数字を見ながら事業運営をしているのも実情だし、一方、メンバーには危機感を持たせることももちろん重要だが、顧客中心主義がブレないようにリードしていかなければならない。

個人的な見解だが、かつて植民地からの独立を勝ち取り、その後いくつもの植民地や占領地を統治してきた歴史をもつアメリカという国は「統治文化」を確立する思考や技術が優れていると感じる。指示や命令も明確で小気味いい。そして時には温情のかけらもなく冷酷である。

このような米国本社中心の中央政権による強力で巧みなガバナンスが、アマゾンの世界企業としての躍進を支えてきたことは間違いない。

日本人として自分を省みると、どうしても優しさや遠慮といった特有の美意識が先に立ち、たとえば海外法人を経営していた際にも、現地の事情を必要以上に尊重しすぎるといった配慮が統治の邪魔をしていた。その結果、スピーディーで的確な決断ができなかったこともあったと振り返る。たとえば、前々職で買収したフランスの会社の再建を任された時も、その会社は明らかに瀕死の状態だとわかっていた。にもかかわらず、現地の事情を必要以上に考えすぎて会社清算の決断が遅れ、余計な損失を計上してしまったことがある。今後、私が同様な立場でマネージメントをする機会があれば、アマゾンでの経験を迷いなく反映したい。

Every day is Still Day One ――「毎日が常に１日目」

　アマゾニアンが口癖のように使う代表的なアマゾン用語の一つに「Every day is Still Day One」というワードがある。「毎日が常に1日目」という意味に加えて、日本語でいうなら「初心忘るべからず」といった意味にもとれる。アマゾンジャパンのウェブサイトで企業概要を紹介するページ[53]には、以下のようにこの理念を掲げる理由が説明されている。

「アマゾンは１９９５年、小さなオフィスで産声《うぶごえ》を上げました。World Wide Web の限りない可能性を信じた創業者兼ＣＥＯ、ジェフ・ベゾス（Jeffrey P. Bezos）が、ゼロから立ち上げました。当時『インターネット専門の小売店』が成功すると思っていた人など稀《まれ》であった中での、極めてアグレッシブなチャレンジだったと言えます。アマゾンでは、毎日が常に『Day One』であると考えています。最初の一歩を踏み出す日。新たな挑戦を心待ちにする日。そして今日が、皆様にとっての『Day One』です。素晴らしいビジネス拡大に向け、あなたのアイディアが形になり始める日。毎日が常に『Day One』であることがアマゾンを支える力となり、刺激となっています」

　ベゾスは２０１８年に20億ドルといわれる私財を投じて設立した低所得者層の教育を支援する慈善ファンドを「Bezos Day One Fund」と名付けたことが伝えられている。また、急激にアマゾンのキャンパスを拡大している米国シアトルのサウスレイクユニオン一帯にあるベゾスの執務室を最上階に構える高層ビルも「Day One」という名前である。もともと、別のビルに使われていたこの名前をベゾスは、自分の執務室を新しい高層ビルに移動させる際に、このビルに「Day One」という名前を付け替えた。

前述の通り、２０１１年から２０１３年のあたり、会社の規模が一気に拡大していく時期に、ベゾスは「Social Cohesion（ソーシャルコヒジョン）」という言葉を多用するようになった。直訳すると「社会的結束」や「一体性」だが、ニュアンスとしては「馴れ合い」という日本語がフィットする。

急成長とともにビジネスの範囲や規模が拡大し、全世界での社員数も急激に増加した。ベンチャー時代のような危機感やスピード感が失われ、ともすると「アマゾンにいれば路頭に迷うことはない」といった会社にもたれかかった安心感や、「自分がやらなくても」「今やらなくても」といった妥協、大企業病が蔓延することにベゾスは釘を刺したのだ。

当時、この「Social Cohesion」という言葉はあっという間に社内に浸透し、ミーティングで安易に妥協しようとすると互いに「それはSocial Cohesionだね」といった具合に、アマゾン社内で日常的に使われるようになった。

毎年、「Annual report（決算報告書）」と共にベゾスは株主に宛てたレターを発信している。その中で「Still Day One」であり続けるために、常に顧客を意識すること、結果にこだわること、スピーディに決断することなどを、1997年の創業から毎年繰り返し約束している。

2016年のレターでは、冒頭で「Day2 is stasis」つまり「Day2は停滞である」と「Day2」に言及。要約すると次の通りだ。

【ジェフ・ベゾスが示したDay2の要点】

・Day2に停滞していると、耐えがたい痛みを伴う衰退が続き死に至る。それが常にDay Oneであり続ける理由だ。その衰退はものすごくゆっくりとやってくる。大企業など完成している会社ではDay2は何十年もの間、長く続いているだろうが、最後の時はいつかやってくる。

・どのようにDay2を防ぐのか？　いろいろな方法として、競合他社、商品、テクノロジー、ビジネスモデルにフォーカスするなどがあるが、やはりDay Oneであり続けるためのその根幹は真の「Customer Obsession」である。なぜならば、顧客は表向きは問題ない、満足していると言っていても、実はいつも見事なほどに満足していないし、顧客はまだ何だかわからないけど、何かいいもの新しいものを求めている。だからこそ、アマゾンは顧客のために何か新しいことを提供できるように取り組める。たとえば、プライムサービスは顧客の誰かが具体的なものを望んだものではない。

・企業が大きくなるにつれて、他人任せが増えることも、危険である。たとえば、プロセスは見ていないとただの物になってしまう。自分たちがプロセスを管理しているのか、プロセスに自分たちが管理されているのか、常に自問する必要がある。

・市場調査や顧客満足度調査も危険だ。たとえば、ベータテスト（開発中のソフトウェアやネットサービスの発売前のバージョンをユーザーに提供し、実際に使用してもらって性能や機能、使い勝手などを評価してもらうこと）の55％が満足し前回の47％より改善したといった場合、どのように解釈するのか非常に難しいし、誤解しやすい。調査は否定しないが、開発者や設計者は顧客の要求を詳細まで理解しているはずである。調査は盲点がないかを補足するものであるべきだ。素晴らしいカスタマーエクスペリエンスは気持ち、直感、好奇心などから始まり、調査にはそれらを確認することはできない。

・外的トレンドに鈍感なのもDay2の始まりで危険だ。外的トレンドを敏感につかむことも重要で、たとえば、マシンラーニング（機械学習）、AI技術など、今日《こんにち》のコンピューターでは多くのことがアルゴリズム化、自動化ができている。外的トレンドに敏感なアマゾンはAlexaやAWSでこのトレンドをさらに追求することができている。

・決断が遅くなっているのもＤａｙ２の要因だ。大企業は正しい判断をするが、非常に判断するスピードが遅い。Day One を維持するためには、正しい判断を素早くすることだ。ビジネスはスピードが重要だ。加えて、即決する環境にいたほうが楽しいはずだ。

・リスクを恐れ、90％の情報が集まるまで待って決断していないか。70％の情報で決断ができないのか。間違った決断に対しては、そのままにせずに、すぐに訂正することが重要だ。

Ｄａｙ２への警笛が続く。

大企業で働く多くの人にとって耳の痛い言葉ではないだろうか。社内の官僚的なプロセスや、不必要に肥大化した縦長の組織など大企業病であると気付いてはいるけれども、スピード感のある社内文化、経営への変革がなかなか実現できないのではなかろうか。

さらに、ジェフ・ベゾスは「いつかアマゾンは潰れる」とも予測している。[54]「アマゾンは倒産するだろう。大企業を見ると、その寿命は30年程度。１００年ではない」。ベゾスはさらに、「もし我々が顧客ではなく、我々自身に注力しはじめたら、それは終わりのはじまり。アマゾンの仕事は顧客に注力することによって倒産を可能な限り遅らせること」と付け加えた。

こうしたベゾスの発信は当然アマゾンで働く社員にも届き、危機感が醸成され、企業カルチャーとして浸透しているのだ。

Two Way Door & One Way Door

２０１６年のジェフ・ベゾスから株主に宛てたレターの中で述べているのが、意思決定、決断には二つのタイプがあり、それは、「Two Way Door（ツーウェイドア）」と「One Way Door（ワンウェイドア）」であるのだと。それを要約したものがこれだ。

①「Two Way Door」――進めてもあとで修正を加えることができ、もとに戻すこともできる。つまり、両方通行なのだ。もし、適切ではない意思決定をしてしまった場合は、ずるずると長引かせず、もう一度ドアを開けて戻ればいいのである。この手の意思決定は判断力の優れたリーダー、または少人数のグループによってすばやく行われるべきである。

②「One Way Door」――あとで修正したり、引き返したりできないタイプで一方通行だ。それらの意思決定は、その結果が重大であるため、十分に念入りに考え注意を払ってゆっくりと行う必要があり、時には専門家からの意見を参考にすることも必要である。一

度進めてしまうと、途中でこれはだめだと思っても、もとに戻ることはできないのである。

リーダーシップ・プリンシプルのBias for Action（ビジネスにはスピードが重要）や前述のEvery day is Still Day Oneでも述べたが、70％程度の確信が持てているのに、まだ30％の検証ができていないことを理由に意思決定しないのではスピードが遅すぎる。Two Way Doorならばうまくいかなくても戻ればいいので、リスクを取ってやってみる。失敗を恐れずに前進してみる、これが考え方だ。もちろん、必要な全部のデータが揃っていればさらに正しい判断ができるかもしれない。しかし、全ての情報が揃えられるケースは非常に稀なので、どんどん進めていく。意思決定のスピードを上げていくのは経営層だけでなく、現場でも求められることにより、会社全体の意思決定サイクルを高速に回していくのだ。

これは、リーダーシップ・プリンシプルの「Bias for Action」に加えて、「Ownership（「それは私の仕事ではありません」は禁句）、さらに「Are Right, A Lot（多くのことに正しい判断を下す）」の行動規範が求められることにより実現されるのだ

企業カルチャーを個性的なものにする「ダイバーシティ」のメリット

人材採用の「Diversity（ダイバーシティ）」、多様化を早くから推進していることも、アマゾンの企業カルチャーを個性的なものにしている。

人材のダイバーシティというと日本では女性登用の印象が強いが、もちろんそれだけではない。性別はもちろん、国籍や人種、さらにはＬＧＢＴ（セクシュアルマイノリティの総称）などを含めて、多様な人材を積極的に採用しているのである。

人材多様化を進める方法も明確だ。女性採用比率、管理職の女性比率、外国人の採用比率などの目標値を決定し、各国の各部門にその達成を、有無を言わさず求めていくのである。ダイバーシティについての是非、方法論をいつまでも議論をしているのではなく、ある程度の議論でおおよそ正しいと思ったら、目標値を立てて後は実行あるのみ、そしてそれを「Tracking（追跡、分析）」していくというこの方法はビジネスを進めるのと全く同じである。さらに、国境を越えた異動が比較的容易にできるので、アマゾンジャパンに米国本社や他国法人から移ってくる人も増えているし、逆方向も同じだ。

ダイバーシティのメリットは多様な発想や意見が出てくることだ。男性が多い組織や、日本人だけで考えていると偏った常識に縛られがちだが、すでにいろいろなバックグラウンドを持った社員が意見を交わすことで、斬新な切り口が発見できることがアマゾンの「基準」となっている。

ただし、国籍を問わず多様な人材が働きやすい環境を整えるために、コミュニケーションは英語が中心となる。そのための環境づくりも重要だ。そして、アマゾンに限らず世界を舞台に活動する企業で働くために、英語のスキルを高めることは最低限の条件として求められるのは当然のことといえる。

このダイバーシティについても私が部署異動した時にメンバーに送った四つのメッセージの一つにあるので、前述のものと重なるところもあるが紹介しておこう。

最後のメッセージ

さて、今後3~4回に分けて、私からの最後のメッセージを皆さんに伝えたいと思います。あくまでも私見であり、会社の方針などを示すものではありませんので、参考までに読んでください。

1回目は、Diversity(多様化)についてです。今回、皆さんのトップが日本語ができない外国人になったことでいろいろな臆測を呼んでいるようですね。今回の交代は皆さんに対し、そして、ビジネスに何をもたらすのでしょうか？

　多様なマーケットに対し、地球上で最も豊富な品揃えを目指し、国内からのみならず、海外からのセレクションも拡大していますが、老若男女問わず、異なる人種、宗教などの多様なお客様に対し、ますますアプローチが可能となり、満足度を向上することができています。

　品揃えだけでは足りません。利便性においても、それぞれのお客様によって同じ利便性を感じる場合もあれば、それぞれ違った需要もあり、それらに対応することが必要です。それは、サイト上の日本語、英語、中国語の表示であったり、海外のお客様がamazon.co.jpでショッピングすることが容易になったりしていることが一つの例かもしれません。

　年齢、性別、人種、言語、宗教、家族構成、学歴、数えたらキリがないほど多様な社員がいることにより、多様性のある組織文化を創り上げることができ、結果、多様なアイデアが生まれ、判断ができ、多様なサービスを提供することができます。

　一方、そのような多様な組織をまとめるのに必要になってくるツールが必要です。それがコミュニケーションを可能にする共通言語です。残念ながら世界の共通語は英語であるのと、アマゾンは米国企業であるのでコミュニケーションのツールとして使用するのは必然的に英語になります。このツールにより、リーダーシップ・プリンシプルなどの行動規範、Tenets（教義）を世界中のアマゾニアンに普及させることができますし、グローバルな戦略を進めることが可能になります。

今まで、チームでは、たまたま、日本語を話せる方が大半を占めていたので日本語でのコミュニケーションがほとんどでしたが、今後、このDiversityが進む中、今後は英語も今以上に必要になってくるでしょう。特別なことでも何でもなく、これは普通のことです。皆さんも気構えることなく、普通、自然に受け入れればいいのかなと思います。メンバー全員が英語を話す、そしていつも英語を話す必要もないです。

一方、皆さんは米国企業を選んで就職、転職したわけですし、上を目指し、そして、多様化している社内外のStakeholder（ステークホルダー＝利害関係者）を巻き込み、戦略策定、事業をドライブ、組織をマネージメントすることを目指すのであれば、それを実行する上でのツールである英語は必須であり、また、高度な英語でのコミュニケーション、事業推進レベルも求められます。

向上心のある皆さんですから、自ずと何をすればいいのかおわかりでしょう。そして、多少のプレッシャーも感じるでしょうが、皆さんが今後キャリアを形成されていく中で普通に身に着けていかなければならない、決して、特別なことではないのです。

今回の交代により、後任は私が牽引しきれなかったGlobal projectの推進であったり、米国本社の多くのStakeholderを巻き込み、さらに高いステージに皆さんを引っ張っていくことでしょう。どのように変革していくか、本当に楽しみですね。

一方、日本語ができない分、たとえば「ＶＯＣ（Voice of the Customer）」を戦略に反映させる、対外的なメッセージング、皆さんとの直接のコミュニケーションは、今後は他のリーダたちが担うことになります。是非、皆さん、サポートをお願いいたします。後任を2年以上知っていますが、人間的にも、経験値からみても、リーダーとしても私のはるか上を行く人間です。安心してください。皆さんを力強くリードしてくれるでしょう。

皆さんにこのメッセージで伝えたい事が届くことを願っています。

企画書は「仮想プレスリリース」

ドキュメント作成に関する社内文化にも、アマゾンには独特のルールがある。

なかでも「ＰＲ／ＦＡＱ」[55]のルールはユニークだ。「ＰＲ／ＦＡＱ」とはすなわち、Press Release（プレスリリース）とFrequent Asked Questions（頻繁に尋ねられる質問）のことである。

「プレスリリース」といえば、何らかのサービスがローンチ（開始）する際、文字通りプレス（メディアの記者）などに向けて発表するドキュメントのことである。でも、アマゾンでは新規のプロジェクトを社内で提案する時に、まずは将来的にそのサービスなり事業がローンチしたことを想定した仮想プレスリリースを書くことが求められるのだ。

リリースの内容にも厳格なルールがある。まず「どんな顧客にとってどんなメリットがあるのか」を明示しなければならない。新規プロジェクトの企画書は、得てして提案者側の都合のいい論理で組み立てられる。でも、アマゾンにおける新規プロジェクト提案は、顧客目線のプレスリリース1枚で、その価値をアピールする必要がある。

サービスなどの名称、どんなことで困っている誰に向けて、このサービスを提供することでどんなメリットをもたらすことができるのか。プレスリリースは必ずそのポイントを踏まえて作成するのがルールとなっているのである。なぜならば、このプレスリリースは「Working backwards from Customers」（顧客の立場になって行動する）というアマゾンの考え方の一つのツールになっているからだ。

「ＦＡＱ」セクションでは、外部からと内部から想定される質問の両方を記載する。外部向けＦＡＱとは、報道関係者やお客様からの質問を想定したものだ。例えば、「この商品はどこで購入できますか？」とか、「この商品が壊れた場合はどうすればいいですか？」などだ。

社内向けＦＡＱは、自身のチームメンバーや経営陣が尋ねる質問である。例えば、「この商品を2万円で販売する際に粗利益率を30％確保するためにはどうすればいいのか？」「この商品を開発するために、何人の開発エンジニアを新たに雇用する必要があるのか？」などである。

プレスリリースは顧客の体験の象徴的な部分を読者に伝え、ＦＡＱでは顧客の体験の詳細と、その製品やサービスを開発するためにどれだけのコストがかかり、困難さの度合いなどを徹底的に評価するのである。よって、担当チームはＰＲ／ＦＡＱを書き上げていく過程で、事業部長などのシニアリーダーと何回もレビューミーティングを繰り返し、議論し、アイデアを洗練させていくのである。

プロジェクトの立案時、まず顧客目線のＰＲ／ＦＡＱから作成することには「ゴールが明確になる」というメリットがある。実際に仕事を進める中で、仕入れの都合や自分たちの手間暇を考慮して「ここは我慢しておこう」といった妥協が生じることはありがちだ。しかし、プレスリリースに明記した顧客のメリットを損なうことがあってはならないという「軸」が定まる効果がある。

もう一つ重要なのがそのルールである。ＰＲ／ＦＡＱでは、書き手が長い説明文や図表を挿入したりと書き手の視点で自分の仕事内容をすべて説明するだけで、結果、何が重要で何が重要でないかという難しい判断を避けてしまうことがある。それを防止するためのルールがあり、プレスリリースは１ページ以内、ＦＡＱは５ページ以内と強制することにより無駄な内容を省き、本質的な部分にフォーカスをさせるのである。

参考例として私が最後に統括したＢ２ＢモデルであるAmazon Businessのプレスリリースを見てみよう。

なお、ＦＡＱについては社内ドキュメントであるため、割愛する。

Ａｍａｚｏｎ、法人・個人事業主向け購買専用サイトAmazon Businessを日本でサービス開始

《Ａｍａｚｏｎが提供する品揃え、価格、利便性に加え、オフィス、工場、大学、研究所及び、公的機関などのあらゆる購買ニーズに応える新しいサービス》《請求書払い、承認ルール設定、税抜き価格表示、購買分析・レポート機能などを導入》《無料のＡｍａｚｏｎ Ｂｕｓｉｎｅｓｓアカウントにご登録いただいた法人・個人事業主のお客様は「期間限定配送特典」や「法人価格」「数量割引」のご利用で時間とコストの削減が可能に》

２０１７年９月20日

総合オンラインストアamazon.co.jp（以下、Ａｍａｚｏｎ）は本日9月20日、中小企業からグローバル企業、大学や学校などの教育研究機関、公的機関など、あらゆる規模、業態の購買ニーズに応える新しい法人・個人事業主のお客様向け購買専用サイト、ＡｍａｚｏｎＢｕｓｉｎｅｓｓ（www.amazon.co.jp/business）のサービス開始を発表いたしました。

ＡｍａｚｏｎＢｕｓｉｎｅｓｓでは、請求書払いの他、自社の購買傾向や履歴を可視化し、コストを管理できる購買分析・レポート機能など、企業購買に必要な多くの機能をご提供します。また、ＡｍａｚｏｎＢｕｓｉｎｅｓｓのお客様向けの法人価格や数量割引、期間限定配送特典をご利用いただけます。従来のＡｍａｚｏｎの品揃え、価格、利便性に加え、これらの全てのサービスや機能をＡｍａｚｏｎＢｕｓｉｎｅｓｓでご提供します。

ＡｍａｚｏｎＢｕｓｉｎｅｓｓでは、2億種類以上の品揃えの中から商品を簡単に見つけることができます。オフィスで必要な商品として、ノートＰＣ、プリンター、ネットワーク機器、ストレージ、文房具、家具など、メンテナンス・リペア・オペレーションズ（ＭＲＯ）向けとして、１００万点を超える電動工具、産業用品および安全・保護用品などを取り揃えています。自動車関連の事業者向けには、タイヤ、純正部品、塗料、自動車アクセサリーなど、５００万点を超えるカー用品を、さらに、飲食店向けには、テーブルウェア、バー用品、清掃用品などのキッチン用品や調理器具を含め、幅広い品揃えの商品を取り揃えています。そして、大学や研究機関のお客様は、顕微鏡などの科学・実験用品を数万点の品揃えの中からお買い求めいただけます。

Amazon Business事業本部 事業本部長 星健一は、次のように述べています。

「Amazon Businessを日本の企業のお客様にご利用いただけるようになり、非常にうれしく思っております。個人事業主、中小企業の購買担当者、グローバル企業の調達責任者など、多くのお客様のビジネス購買ニーズにお応えできるよう、豊富な品揃えとサービスを提供しております。Amazonはお客様の声を聞き、ビジネス購買がさらに簡単に、そして便利になるような機能を追加いたしました。その新機能と2億種類を超える品揃えに加えて、期間限定配送特典として、無料のお急ぎ便を使い翌日までにお届けいたします。使い慣れたAmazonをAmazon Businessでも、是非、ご利用ください」

また国立大学法人大阪大学 財務部長 佐藤規朗氏は、次のように述べています。

「日本の大学としては最初に、Amazon Businessとのシステム連携をすることとしました。Amazon Businessの利用により法人価格での購買が可能となることと併せて、本学の購買システムとの連携によって、購買・会計業務の効率化による経費の削減、及び購買の見える化が促進されるものと期待しております」

【Ａｍａｚｏｎ Ｂｕｓｉｎｅｓｓの主な機能】

・**期間限定配送特典**：Ａｍａｚｏｎ Ｂｕｓｉｎｅｓｓにご登録いただいた日本に拠点を置く全てのお客様は、お急ぎ便・お届け日時指定便を無料でご利用いただけます。

・**請求書払い**：すでにＡｍａｚｏｎで提供されているクレジットカード払いや代金引換などの通常の支払方法に加え、月末締の請求書払いが可能です。

・**承認ルール設定**：支出を管理して可視化するため、承認権限や下限金額など、承認ルールを設定できます。

・**見積書作成**：社内での事前承認用に、ＰＤＦもしくは印刷した見積書で、価格と条件を簡単に確認が可能です。

・**購買分析・レポート**：購入日時、購入品目、部門、購入方法など様々な切り口でレポート作成、分析ができ、さらにお客様ごとの用途に合わせてカスタマイズできます。

・**税抜き価格表示**：消費税込み価格と消費税抜きの価格が商品ページ、購入ページ、及び請求書と領収書に表示されます。

・**購買システム連携**：SAP Ariba およびソフトバンク コマース＆サービス（株）のパーチェスワン購買クラウドサービスをはじめとする購買システムと連携が可能です。

Ａｍａｚｏｎ Ｂｕｓｉｎｅｓｓでは、今までと同様にお客様の期待にお応えします。

・**魅力的な価格**：ＡｍａｚｏｎＢｕｓｉｎｅｓｓでは多くの販売事業者が商品を販売しており、そして、最適な価格を見つけることができます。さらに、一部の商品では法人価格や数量割引が適用されます。
・**豊富な品揃え**：2億種類以上の豊富な品揃えに加えて法人限定商品も取り揃えています。
・**利便性に優れた購買**：一つの商品に対する複数販売事業者の販売価格が表示され簡単に価格を比較できます。また、ＡｍａｚｏｎＢｕｓｉｎｅｓｓはモバイルに最適化された購買体験を提供しています。さらに、様々な法人のお客様に対応できるよう、日本語、英語、中国語にも対応しています。
・**詳しい商品情報**：商品ページには、高品質の商品画像、サイズ、使用方法などの詳細情報、取り扱い方法などの動画、カスタマーレビューが掲載されています。
・**ＡｍａｚｏｎＢｕｓｉｎｅｓｓカスタマーサポート**：カスタマーサービスでは、ＡｍａｚｏｎＢｕｓｉｎｅｓｓの専任スタッフが電話、メール、チャットで対応します（年中無休、9：00～18：00）

ＡｍａｚｏｎＢｕｓｉｎｅｓｓは、米国では２０１５年4月に開始され、現在の法人顧客数は百万社以上となりました。また、２０１６年12月にはドイツ、２０１７年4月には英国で開始されました。

このプレスリリースは実際に2017年9月にサービスが開始された時に発表されたものだ。しかしながら、この内容は多少の改善、変更はあるものの、ほとんどが2015年当時のプランニング段階で作成されているものだ。

冒頭で「中小企業からグローバル企業、大学や学校などの教育研究機関、公的機関など、あらゆる規模、業態の購買ニーズ」と、どのような顧客が対象かが明確にされ、次にサービスの内容、そして、顧客の声として大学の購買部が何を期待しているのかという顧客の立場によるコメントが入り、さらに、このサービスで提供される具体的な機能が記載されている。これを提案段階で作成し、プロダクトマネージャー、エンジニアなどがそれを実現するためにシステム構造の設計に入っていくのである。

＊　＊　＊

「パワーポイント」使用禁止の理由

アマゾンでの社内プレゼンテーションで、パワーポイントの使用が禁止されているのは、かなり有名な話になってきた。「パワポ禁止令」を発令したのは、他ならぬジェフ・ベゾスだ。

ベゾスがパワポを禁止した理由については、社内でもさまざまな逸話が語り継がれている。なかでも、私がさもありなんと思っているのが、外部コンサルティング会社にまつわるエピソードだ。

アマゾンがスタートした当初、サービスの骨格を固めるためにベゾスは外部のコンサル会社に提案を依頼した。彼らは当然気合いを入れたパワポの資料を作成してプレゼンテーションを行ったのだが、手の込んだ紙芝居のようなビジュアルに惑わされるばかりで具体性がなく、何を提案したいのかよくわからないとベゾスが激怒したというものだ。

実際、パワポのプレゼン資料は要点だけを箇条書きにして詳細は口頭だけで説明したり、見栄えのいい、そして都合のいいグラフなどを多用して提案のメリットや効果を強調することが多い。また、アニメーションなどを使い、みてくれに時間をかけることがある。

でも、後から資料を見返しても肝心なことが口頭説明だけで書かれておらず、〝なんだかよくわからない〟ということになりがちだ。ベゾスはもちろん、ヒエラルキーが明確で多くの案件のスピーディな決断を求められているアマゾンのリーダーにとって、面倒なことこの上ない。

作成者の主観が過剰に入り込むという理由で、グラフの使用も好まれない。シンプルな棒グラフひとつでも、軸のスケールや幅を変えるだけで印象が大きく変わってしまう。対象を比較しづらい円グラフはほとんど使用されることがないし、無意味な装飾を施した3Dのグラフなど言語同断である。

ビジネスドキュメントは「1ページャー」と「6ページャー」

アマゾン社内のビジネスドキュメントは、「Narrative（ナラティブ＝物語）」と呼ばれるA4で1ページの「1ページャー」、もしくは6ページの「6ページャー」のメモのどちらかにまとめることになっている。

報告書など社内で提出するほとんどのドキュメントは1ページで簡潔にまとめる。年度ごとの予算であったり、大きなプロジェクト提案などは6ページにまとめるのが基本的なルールだ。ドキュメントの内容はどんなトピック（論ずるテーマ）かを示す見出しと、トピックを説明する文章のみ。詳細な数字や、補足情報が必要な場合は別途「Appendix」（添付資料）として、枚数にはカウントしない。

6ページャーが提案される会議では、冒頭のおよそ15～20分間、まずは全員がドキュメントを読むための時間にあてられる。静まったミーティングルームで参加者が黙々とドキュメントを読む雰囲気はかなり緊張感が漂《ただよ》っている。

その後、基本的にはページごとにドキュメントの提案者であるオーナーが出席者からの質問に答えながら、さまざまなフィードバック、アドバイスを通して議論を重ねていく。当然「Dive deep」（深掘り）の質問が相次ぐことがほとんどなので、提案者にはどんな質問にも理論的な回答ができるようにプロジェクトの細部まで把握、理解をするのと同時に、提案内容に共感を得るための説明能力や説得力が求められることになる。

この「１ページャー」「６ページャー」ルールが社内で徹底されるようになった２００９年頃の当初は、Ａ４で６ページのドキュメントはそれなりの文章量とはなるが、大がかりな予算案やプロジェクト提案をまとめるには少々ページ数が足りないと感じることがあった。まして１ページにまとめるためには、余計なエピソードや言い逃れが入り込む余地はない。導入当初は姑息にも文字サイズをルールであるフォントサイズ「11」より小さくしたり、行間をせまくしたりしてスペースを稼いだものだ。

でも、ルールに則ったドキュメント作成が習慣になってくるにつれ、定められたフォーマットに従って論旨を構築する作業には、無駄を削《そ》ぎ落とし自らの思考を整理する効果があることを実感できた。

社内ドキュメント、その五つの目的

なぜ、多くの場面でそのようなメモを作成し、議論するプロセスをアマゾンは取り入れているのか、それには目的がある。

①**効率化**：事前に全員がドキュメントを読んで必要な情報を得ることにより、すぐにディスカッションを開始することができる。ミーティングの時間短縮にもなり、より良い結論が出ることになる。

②**質の高い質問とディスカッション**：全員が同じ情報を持つことにより、質問の内容が深くなるし、示唆に富んだものになり、ディスカッションがより的確なものになる。

③**場の公平性**：社内で目立つのは声が大きくて積極的な人であったり、ダイナミックなスライドを使用する場合が多い。メモであれば、全ての参加者が公平に自分の考えを説明することができ、そのアイデアや戦略が理解しやすい。最も重要なのはプレゼンターではなくアイデアであるにもかかわらず、パワポは時としてそれに逆行してしまうのである。

④**戦略的な思考**：メモを書くことによって、メンバーがデータや事実に基づいて考えることができる。パワーポイントは、表面的な事実、基本的なデータどまりになってしまう

ことが多いが、メモであれば深く細かい内容の説明が可能で、ナラティブ、ストーリーによって結論まで到達することができる。

⑤過去のアイデアや決定事項の記録：ミーティングを欠席せざるを得なかったメンバーに対してもこのメモで内容を説明することができて、置いてけぼりになることはない。決定事項の背景などについて、将来的に再度、確認する時にはメモが活用できるし、そのために検索可能なように保存する。

ただし、実際には大量のドキュメントが整理されて活用しやすく保存されているとは言いがたく、同じようなドキュメントを何度も作ってしまう無駄があることもある。

ジェフ・ベゾスが要求する文章力の高いハードル

ジェフ・ベゾスがワードで作成された文章による社内ドキュメントを求めるのは、ドキュメント内容の本質をわかりやすく提示して、会議の参加者やドキュメント閲覧者からより具体的で意義ある質問やフィードバックを引き出すためだ。６ページャーのドキュメントについて、ベゾス自身が語った言葉がある。原文とともに紹介しておこう。

"Full Sentences are harder to write. They have verbs. The Paragraphs have topic sentences. There is no way to write a six-page, narratively structured memo and not have clear thinking."[56]

「文章を書くのは難しい。それぞれの文中には（適切な）動詞があり、それぞれの段落にはトピックがある。明確でクリアな思考がないとストーリーとして構築された6ページャーのメモを書くことは不可能だ」

　文章のクオリティに対してベゾスが要求するハードルは高い。当然、社内全体として質の高い文章を求めるのがアマゾンのカルチャーともなっている。では、何が良いドキュメントなのか？　そのためのルールやフォーマットを、マニュアル的にはなるが、概要として紹介しよう。

【ドキュメント作成ルール】

〈基本〉

①レビューと訂正プロセス

特に重要なのはスペルや文法に間違いがないこと。なぜなら、間違いがあると、提案者やドキュメントの信頼性が損なわれ、ミーティング参加者が提案内容から気をそらしてしまうからだ。ミスがないよう何度もチェックし、訂正すること。何度か自分で読み込みチェックしたあと、同僚や上司のレビューを受けること。新たな気付きを得ることもでき、ドキュメントの質が向上する。

データを全て完璧に揃えるまで書き始めるのを待つ必要はない。情報が不足している部分は後から追加できるように空白にしておけばよい。

②フォーマットに則《のっと》る

ドキュメントには明確な目的を示し、それに応じたフレームに則ってストーリーを構成する。そのドキュメントが決断を求めるものなのか、プロジェクトやプログラムの一定の側面に対する深掘りなのかなど、目的によって含まれるべき内容は異なる。

たとえば、新しいサービス構築の承認が必要な場合は、プレスリリース、顧客ニーズ、マーケットオポチュニティー、ビジネスケース、リスク、概算の開発期間、ローンチスケジュール等、必要なリソースなどが記載されているべき。そして、目的が何であれ、常に最初の段落で目的を述べ、何を提案するのかを明確にする。

③簡潔にする

参加者に何を伝えたいか、論旨が明確であるかを自問すること。文章に不要な言葉、文章、段落を含めない。

④曖昧《あいまい》な単語を使わない

曖昧な単語は表現を弱くするので、なるべくデータ、数字を明示する。

［避けるべき単語の例（英語）］

should, might, could, often, generally, usually, probably, significant, better, worse, soon, some, most, fewer, faster, slower, higher, lower, many, few, completely, clearly etc...

たとえば、fewer, fasterなどは少なめ、速めとなるが、何をもって少ないのか、速いのかが不明確。要は、数字を使って比較対象に対しどのくらい、少ないのか、速いのかをはっきりさせなければならない。Many, fewも同じで、じゃあ、どのくらい多いのか、少ないかがわからない。

私もSignificant（著しい、重要）という単語を使って、「なんでそれが重要なんだ?」と突っ込まれたことがある。

〈内容について〉

①参加者のために書く

誰がそのドキュメントを読むのかを考えること。参加者は何をどこまで知っているのか？　参加者にとって何が重要なのか？　あなたが承認を求めるなら、その内容は参加者がその決定をするのに十分か？　といった点を自問する。

②ドキュメントは冒頭が重要

ドキュメント冒頭の一文はドキュメント全体の印象を決定づける。完璧な文法で意味がクリアな文章にする。

③フレームワーク

内容は絞り切れているか、論点ははっきりしているか、それぞれのセクション（トピック）は完成されているか、結論はデータに基づいているか、解決策の提案か問題提起なのかなど、入念に再確認する。

④理由を明確に

ドキュメントは常にしっかりとストーリーを構築すること。問題提起、背景と分析、結論を整理して示す。主観的な想像は排除し、提言の理由を客観的に明確にする。

⑤なぜそれが重要なのか

ドキュメントの提案が重要である理由について、ビジネス上の利点などを明確にデータで立証する。

⑥誰のための提案なのか

ドキュメントの提案によってメリットを受けるのが誰なのかを明確にする。

⑦いつまでに実施することなのか

提案の実施時期をコミットするのであれば、いつまでかを明確にしなければならない。日程を明確にすることが、提案者の本気度を示す。

⑧チャートは適切に使う

表やグラフ、図などのチャートを使う際には、それが適切かどうかを慎重に検討する。グラフを使用するのであればデータを説明するための最良の方法であるかどうかを自問すること。棒グラフのみで、円グラフは使用しないこと。人間は長さを比較するのが得意だが、角度や面積は正確に比較できない。また遠近感が情報を歪《ゆが》めるので、3Dを使用しない。

図などのチャートは伝えたいものになっているか検証すること。無関係な質問を招く懸念があれば、コメントを追記したり、明確な表に修正するなど別の方法を検討する。

〈プレゼンテーションについて〉

①ミーティングの進行

ドキュメントの提案者、すなわちオーナーが場を仕切ることが求められる。まず、冒頭に、そのミーティングのゴールが「決断や承認を求める」ものかどうか、それ以外であれば明確に目的を伝えること。参加者がドキュメントを読んだ後、意志決定などのゴールに到達できるかどうかは提案者の責任。ドキュメントの論旨を的確に説明できるよう入念に準備する。

②間違いは認める

仮に間違いを指摘されたら認めること。より重要なのはそこから学び、再び同じ間違いをしないこと。そして間違いを修正して改善を加えること。

③学びとして批評を受ける

参加者は、積極的に手厳しいフィードバックも行う。オーナーは必ず発言のメモを取ること。必ずしも全ての発言をフォローアップする必要はないが、クリアな気持ちでメモを見直してドキュメントに反映すること。鉄は熱いうちに打て。

〈ドキュメントフレームの例〉

さまざまなドキュメントごとに、構成要素のフォーマットが示されている。[57]「1ページャー」「6ページャー」それぞれに、代表的なものを列記しておく。

英文ドキュメントを前提としたフレームであり、各トピックの日本語訳も併記するがニュアンスが少し変わってしまうものもあることをご容赦いただきたい。少々わかりにくい単語があるかもしれないが、アマゾンのドキュメントに何が求められているかは理解いただけるだろう。

・1ページャー

[Progress report]（経過報告）の場合

・Introduction（序論、まとめ、結論）
・Overview of Plan（プランの概要）
・Review of Progress（進捗状況）
・Changes in Plan Since Last Update（前回の報告からの変更、変化）
・Overview of Risks（リスクの概要）
・Next Steps（次のステップ）

・6ページャー

[Project proposal]（プロジェクト提案）の場合

Part1：Press Release1 pager（プレスリリース1ページャー）

Part2：Main Document6 pager（メインドキュメント6ページャー）

・Introduction（序論、まとめ、結論）

・Customer Need（顧客のニーズ）

・Market Opportunity（マーケットのオポチュニティー）

・Business Case（ビジネスケース）

・Risks（リスク）

・Estimate of Effort（概算の開発期間）

・Timeline（ローンチスケジュール）

・Resources Required（必要なリソース）

Part3：Q&A（想定問答集）

Part4：Appendices（添付資料）

Part5：Financial Model（財務モデル、ＰＬ損益計算表の試算）

ドキュメントの種類によって違いはあるが、まず冒頭のイントロダクションでは「そのドキュメントが何を提案しているのか」「参加者に何を求めているのか」を明確に提示すること。また、課題（誰が何に困っているかなど）やファクトを示した上で、「顧客にどんなベネフィット（便利）があるか」を明確にして、常に顧客目線をもった論旨であることが要求される。

世界中から、いろいろな事業の提案が持ち込まれる中、どれだけのインパクトを与えられるか、それは売上規模であったり、顧客数増であったり、大きなプロジェクトから優先される。なので、年に1度の予算作成時の来年の計画であったり、新規プロジェクトの提案は、ちまちましたものではなく、大きく顧客の利便性を向上させるものでなければならない。スケールの大きい、将来的に大きく伸びる提案をしないと、リソースを勝ち取ることは難しい。

アマゾンがこだわる「破壊的思考」とは何か

何かしらのプロジェクトを実施した後には、必ず「Postmortem（ポストモーテム）」と呼ぶレビューミーティング（反省会）を行うことも徹底されている。プロジェクト提案のドキュメントに明記した目標は達成されたのか。達成できなかったとしたら何が要因だったのか、何が想定と異なっていたのか。関与した複数の部署に渡る多くの社員が集結して、時間を掛けて綿密なミーティングが行われる。

レビューミーティング自体は日本国内のさまざまな企業でも実施していることではあるだろうが、「Dive deep」の文化を貫いて、妥協せず時間を掛けて行うポストモーテムはアマゾンの社風の一端を形成している。当然のことながら、そこで議論された成功例、そして反省点は次回のプロジェクトに活かされ、常に改善を続け、顧客の満足度を上げていくことになる。

新しいプロジェクトは「2ピザチーム」、すなわち2枚のピザを分け合える数名から10名未満の人数でとにかく始めてみることは前述した。最初から大きくスタートしようとすると時間も予算も掛かってしまうが、少人数でスピーディなチャレンジを厭《いと》わない。これは「Bias for Action」を体現する一例でもある。

迅速な決断とフットワークの軽いチャレンジを推奨する一方で、長期的思考と、イノベーション思考を浸透させるための仕組みにも抜かりがない。

リーダーシップ・プリンシプルの「Think Big（大きな視野で物事を考えろ）」で述べたように、常に「破壊的なアイデア」を求められるのも、アマゾンのカルチャーの一つといえるが、きっかけづくりとして「破壊的なアイデア」を強制的に考えなければならない仕組みがある。

年に1度、米国本社に予算を提示する際には、必ず「ロングレンジプラン」と呼ぶ3カ年の中長期計画を提出することが求められる。3年後のターゲットを具体的な数字で明示するのは当然だが、ここに挙げるターゲットは経営陣にコミットするものではない。むしろ、従来の常識を覆《くつがえ》すような「Disruptive idea」（破壊的なアイデア）を必ず盛り込むことが要求されるのである。

もちろん、コミットしないからといって荒唐無稽《こうとうむけい》なアイデアを書くだけでは意味がない。各部署の担当者は自分たちが絞り出した破壊的アイデアをなんとか実現するために、徹底的な議論とアクションを繰り返すことが求められるのだ。

また、本社はもとより各国の法人で、年に一度「イノベーションサミット」という催しが開かれる。言うまでもなく、そこで求められるのは「イノベーション」であり「破壊的なアイデア」である。

マネージャー以上の社員が集まって行うワークショップで、大きな会場に集まった幹部社員数百人が、たとえば「自分が3年後に実現したいこと」をポストイットに書いていく。各自の意見はシステムに関すること、ロジスティックに関すること、全く新しいサービスなどのカテゴリー別にまとめられ、カテゴリーに沿ったグループに分かれて議論する。最終的に10程度の意見を抽出する。

幹部社員が集まって絞り込んだ最終的な「破壊的なアイデア」は、それぞれをプロジェクト化し、メンバーを募り、各役員メンバーがスポンサーとなり、アドバイスをしながら、実現に向けてさらに詳細なプランニングを進めていく。そして、実際に3年後に実現すべき会社としての目標に昇華する。

半年に一度、イノベーティブな業績を挙げた社員を表彰する制度もある。「Door desk（ドアデスク）」という賞では、創業当時、ガレージでドアをデスクにしていたという逸話に倣《なら》い、文字通りドアデスクのミニチュアが贈られる。

「Just do it」賞は、まさに「まずはやってみろ」という行動を起こした社員に対して、ナイキのベビーシューズが贈られる。それも、なぜか片足だけ。賞金や賞品などの特別な報酬はない。しかし、こうした「Recognition」（認知）の表彰がアマゾニアンの明るいモチベーションになっている。

アマゾンがこだわる「イノベーション」とは何なのか。三つの定義が示されている。


【イノベーションとは】

・常に、「普通という基準」を作り変える

・**常に、「お客様の期待や要望」を上回る**
・**常に、「長期性」に重点を置く**

事実、アマゾンのサービスは「普通という基準」を作り変えてきた。

アマゾンが「当日お急ぎ便」サービスを開始したのは２００９年。当時は常識を超えたサービスだったが、今ではＥコマースの当たり前のサービスになっている。役目を終えた「ダッシュボタン」（ボタンをワンプッシュするだけで特定の商品を注文できるデバイス）も、顧客の想像を超えたサービスとして驚かれた。

そもそも、マーケットプレイスにおけるシングルディテールページによって通常はＥコマースでは販売事業者がそれぞれの商品サイトを構築するという「普通を作り変えた」のが、アマゾンが大きく成長する原動力になっている。

最近ではドローン配送やロボット配送などへのチャレンジも、イノベーション志向の一端だ。アマゾンでは売上の実に10％以上を継続的な投資に回している。目先の利益を拡大するより、成長への可能性を広げることを重視しているからだ。

結果として、アマゾンはＥコマースの枠を超え、数多くの新規事業をスピーディに立ち上げて、その多くを成功させてきた。

「Alexa」（AIスピーカー）、「Kindle」（電子書籍サービス）、「Fire TV Stick」（テレビのインターネット接続デバイス）、「AWS」（クラウドサービス）、「Amazon Go」（レジ無しコンビニ）、「Echo Frames」（音声認識AI搭載眼鏡）、「Amazon Dash Cart」（レジ決済不要のスマートショッピングカート）、「Amazon One」（非接触決済のための手のひら認証）など、多くの顧客のライフスタイルに浸透し、世界のスタンダードとなっている、また、なりつつあるサービスは数多く、これからも増えていくだろう。

アマゾニアンにとって、イノベーションのキーワードとなっているアマゾン用語がある。「Wow!」という驚きを表す言葉。カタカナで書けば「ワオッ!」である。アマゾンのオフィスでは今日も、あちらこちらで「Wow!」が飛び交っているはずだ。

「頑張るだけじゃだめ、メカニズムだけがうまく事を動かす」

前述したように、需要予測や発注、価格設定などはことごとく自動化されている。メーカーや問屋など商品サプライヤーへの発注数は、在庫や需要をAIが綿密なアルゴリズムによって導き出し、もし在庫が過剰になれば自動的にマークダウン（段階的値下げ）を実施する。
メカニズムを重要視することを伝えるアマゾン用語、というか教訓がある。

〝Good intention doesn't work, only mechanism works.〟
「頑張るだけじゃだめ、メカニズムだけがうまく事を動かす」

「Good intention」は日本語にすると「善意」であるが「気合いと根性」というような意味にも意訳できる。人がどんなに頑張っても限界はあるし、ミスは必ず起きる。したがって、必要と認められた「仕事」は、細部に至るまでシステムに置き換えて、メカニズム化、自動化されていくのがアマゾンの流儀である。

たとえば、カスタマーサービスのシステム中に「Andon Code（アンドンコード）」と呼ばれるツールがある。

「Andon」の語源は日本語の「行灯《あんどん》」だ。日本の家庭の多くに、天井に取り付けられた器具から照明をオンオフするためのコードがぶら下がっているのをご存じだろう。コードを引っ張るだけでスイッチがオフにできるので、工場などの流れ作業などの生産ラインにおいて異常が発生した場合に、コードを引っ張ったり、ボタンを押すことにより異常を他者に伝えることをアンドンコードを呼んでいる。このアンドンコードという単語をアマゾンではカスタマーサービスのツールに命名しているのである。

それは、顧客からの連絡などにより同一の問題が連続、重複して起きた商品は、この「Andon Code」のクリック一つで一気に販売を中止するための仕組みだ。コードがクリックされると、その情報は瞬時に商品担当者やビジネスリーダーに通知され、原因の調査や問題解決ためのアクションが行われる。問題が発生したときに迅速に販売中止をするメカニズムである。

メカニズムの構築で重要視される三つのステップ

メカニズムとは、さまざまな業務を、ツールを構築し、その使用を推進、継続することによりさらに強化されていく「完全なプロセス」として定義されている。

メカニズム化はまず「組織レベルのビジネス上の課題を特定」することがスタートラインとなる。「Andon Code」でいえば「欠陥商品で顧客に影響を及ぼさないようにする」ことだ。次に、その課題を解決することによって達成すべき目標を設定する。このケースでは「欠陥商品の販売を即時中止して関係各所に連絡する」ことになる。

メカニズム構築で特に重要視されているのが、三つのステップだ。

一つ目が「Tool（ツール）」である。

自動化すべき業務があれば、担当メンバーはそのためのツール開発を提案し、システム部門に依頼する。作成されるツールは、たとえばカスタマーサービスへの顧客からの重複した問題の指摘という「インプット」を、担当者などへの連絡や販売停止といった「アウトプット」に自動的に変換するものだ。それまで、いくつかの手順や判断を必要としていた業務が、自動化によって瞬時に進むことになる。

二つ目のポイントが、できるだけ広範な「Adoption（アダプション）＝採用」である。

開発したツールは、より多くの人や関係部署が採用して使用を実施することで、より大きな効率化を実現できる。そのため、リーダーはツールのアダプションを計る指標の作成、アダプション目標を達成するためのインセンティブの設定など、ツール使用を促進するための多くの戦略を考えて実行する必要がある。

アダプションを推進するための最初のステップは、ツールを使用すべきさまざまな部署を巻き込み、共通の目標を設定することだ。たとえばカスタマーサービスの「Andon Code」であれば、小売部門、フルフィルメントセンター、カスタマーサービスなどが連携できるように開発し、最初は少人数で試験運用を始め、コードがクリックされた場合の対応（アウトプット）などを精査。その後、全関係部署に導入されて、販売する商品品質の安定に寄与している。

三つ目は「Inspection（検証）」である。

メカニズム化をより効果的に機能させるためには、ツールの完成度を高め、より広範に使用されることが肝心だ。開発されたばかりのツールが想定通りの効果を発揮することは少なく、関係する部署の多くのリーダーが関わり議論して磨き上げられていくケースがほとんどだ。そして、より広く使用されるようにしながら、さらなる改善を進めていく。

また、数字的な指標、目標を設定することによって、異常値が発見されアラームが鳴る仕組みを作ることも重要だ。この「Andon code」の場合はＷＢＲなどの定期的なミーティングにてメトリクスを定点観測していき、異常値が発見されたら「Dive Deep」をして原因を究明する。さらに定量的なものだけではなく、顧客からのフィードバックから得られる重要な実例も見逃さないよう定性的なものにも注意を払っていく。

ツールの数が増え完成度を高めていくことが、アマゾンのメカニズム化を強力に推進しているのである。

第7章　アマゾンの秘密主義と課題

徹底した情報管理と綻《ほころ》び

最後に、アマゾンの抱えるリスク、情報管理やコンプライアンスの姿勢について触れておきたい。

当然のことながら、アマゾンジャパン、そして世界各国のアマゾンでコンプライアンスは徹底している。各国の法律に準じて迅速な対応を行っており、たとえば日本では独占禁止法の理解と遵守が徹底されている。

法務を担当する部門には日本とアメリカ両方の弁護士資格をもつ人材が確保され、事業部門ごとに担当が決められている。商品サプライヤーとの価格交渉一つ一つにも、コンプライアンスに反する点がないか、日々チェックされているのである。

社外向けだけでなく社内限定のドキュメントについても、広く発信される前にはコンプライアンスに反する点がないか、法務部門がチェックを実施。全社員に対するコンプライアンス教育も念入りに行われている。

模倣品と独禁法への対策

数年前から「ブランドオーナー」[58]と呼ばれるブランドを保有するメーカーなどだけがアマゾンの小売直販部門と直接取引を行い、重要商品のみを直販に供給、それ以外はマーケットプレイスでの販売に切り替えているようだ。ブランドオーナーは他の業者による自社製品のマーケットプレイス出品商品を常にチェックして、模倣品などを駆除するパトロール権限ももっているようだ。

悪質な販売事業者による模倣品の出品増加は、アマゾンが推進してきた品揃え拡大戦略、マーケットプレイス成長戦略のネガティブな副産物だった。アマゾンとしてもすでにマーケットプレイスに入り込んでしまっている悪質業者を排除し、さらに新規登録できない仕組みの強化を進めているが、ブランドオーナーとの関係強化は模倣品対策としても有効だ。

模倣品というと、中国の販売事業者の存在を想起する方も多いだろう。アマゾンジャパンのマーケットプレイスには中国の販売事業者の出品が多いし、もちろんそのほとんどは良質な販売事業者で顧客に素晴らしい品揃えと低価格な商品の購入機会を提供している。とはいえ、素性の悪い業者が混在していることは否めない。

これはアマゾンが対策を打ってもその裏をかいてくる悪徳事業者とのいたちごっこで、

模倣品、違法商品、不良品を100％排除するには至っていない。AIを駆使して自動的に悪徳と思わしき事業者の出品凍結をする中には良質な事業者も含まれてしまうミスも発生し、事業者コミュニティーの不満の温床になることもある。加えて、サクラによるレビューも散見され、出品したばかりの商品に数百もの★評価5の高いレビューが並んでいる。高い評価のレビューを書いた顧客に商品代金を返金するという中国販売事業者からのアプローチもある。このマーケットプレイスの闇は広がり、深くなっており、アマゾンが抜本的な対策を行わないと永年築き上げてきた顧客から、そして良質な販売事業者からの信頼をも失う大きなリスクとなっている。アマゾンの顧客中心主義を貫く幹部社員がきちんと現状把握をして、大鉈《おおなた》を振るう対策をとることに期待している。

課題は模倣品対策だけではない。独禁法の観点から、アマゾンがマーケットプレイスに出品する販売事業者に対して、他のEコマースサイトに出品しているものとの「価格同等性」を求めることはできない。その結果、たとえば中国から海外顧客向けのEコマースサイトである「Ali Express（アリエクスプレス）」で販売されている商品が、アマゾンのマーケットプレイスに何倍もの価格で出品されているようなケースも残念ながら存在している。

実際のところ、マーケットプレイス出品者に対して「価格同等性」を求めることは米国などでは問題はない。アマゾンジャパンでも当初は米国と同様に、他販売チャネルとの

「価格同等性」を求める規約を採っていた。アマゾンで顧客が購入する商品の価格が常に最適な状態にするためである。しかし、日本は、アマゾンが急成長を遂げる中で公正取引委員会から指摘されて中止した経緯がある。[59]

アマゾンのビジネスモデルは原則として世界共通ではあるが、展開する各国の事情が少なからず影響することは避けられず、顧客の利便性を訴求しながらもアマゾンが各国の事情、法律に則って正しいビジネスを実践していることを示す事例といえる。

メディア取材の前には、失言のコントロールが必須

情報管理にも入念だ。「PR（Public Relation）」広報部門の管理のもと、外部へのスピーカーは事前教育を義務づけられ、メディアの取材を受ける際には必ずPR部門の担当者が同席し、失言のコントロールや発信される情報が顧客のためになっているか、不必要な内容が含まれていないかなどの確認を行っている。

プレスリリースの文案は担当セクションで作成するが、発信する前には広報、法務部門の入念なチェックが入り承認が必要であることは言うまでもない。サービスのローンチ時など、プレスカンファレンスを行う際はPR部門とともに作成した想定問答集に従って綿

密なリハーサルを行っている。

グローバル、日本ともにアマゾンでは明確な流通総額や商品点数などを公表していないように、外部に発信すべき情報と、発信しても顧客のメリットがなく公開する必要がないと判断する情報の区別も厳格だ。対外的に誤解を招きやすい市場の占有ととられてしまうような「プラットフォーム」や「マーケットシェア」といった用語を使わないというルールもそうした姿勢であるがゆえのことである。

基本的には、投資家の利益に反することなく、カスタマーエクスペリエンスに関係のないビジネス上の数字などは公開せず、基本的なメッセージ、すなわち「地球上で最もお客様を大切にする企業」「地球上で最も豊富な品揃え」などを飽きられても繰り返す方針が徹底している。私も何度となく各プレスカンファレンスで同じように繰り返した。

他社を見ていると、プレスカンファレンスなどでの「失言」は個人的な見解であることがほとんどだ。不用意な発言で企業全体が不利益を被ることは絶対に避けなければならない。社内でのポジションが上がるにつれて、情報管理に対してもハイレベルな認識が要求されるようになる。ちなみに、私もアマゾンを退職したとはいえ、本書に記載する情報には極秘なものが含まないように細心の注意を払っている。

アマゾンを辞した人間だからこそ見えてくること

ここまで、アマゾンの強さばかりを強調してきたが、アマゾンを辞した人間だからこそ見える課題もある。

ジェフ・ベゾスは「政府の規制と独占禁止法違反に問われることがアマゾンの将来にとっての大きな懸念」、また、「我々が大きな企業であることは事実。企業であれ政府であれ、大きな組織が詮索されるのは仕方ないこと」と述べている。[60]

アマゾンが世界中で、多岐にわたる分野で成長し続けていることで、各国で日本の公正取引委員会のような当局から常に注目されている。たとえば、米国では「アマゾンエフェクト」（アマゾンによる影響）という言葉で、アマゾンの成長の陰で他小売店舗の閉鎖が続いているといったニュースが時折流れている。[61]

日本の場合、かつて、日米2カ国間の租税条約に基づいた法人税を米国で納税していたアマゾンが、なぜ日本で申告納税しないのか[62]といったニュースが世間を騒がせ、あたかも「外敵」扱いされた。その後もなぜか日本で納税する法人税が少なすぎると指摘されている。[63]そう、法律に基づいて何をやったとしても注目される存在なのである。もちろん、アマゾンの秘密主義により、説明不足、情報開示不足があることは否めない。

とはいえ、アマゾンの日本でのビジネスは拡大し、日本市場への適応を着実に進めている。経団連への加入や[64]、多くの雇用を生んでいるが、それだけではなく新卒採用を増やしてきたのも日本の慣習への適応だ。

また、アマゾンでは数十万もの販売事業者がマーケットプレイスで販売しており、多くの中小企業、個人事業主にビジネスチャンスを提供し、海外進出までも可能にした。その結果、その地域社会に雇用を生んでいるのも日本の産業に対する大きな貢献だ。しかし、各分野で影響力を広げているアマゾンが今後もいろいろ注目され続けることは間違いない。

次に、あまりにも急成長を遂げているがゆえの組織の綻《ほころ》びだ。

企業理念として顧客中心主義を掲げながら、実際のところカスタマーサービスなどを除くアマゾニアンのほとんどは、商品を購入してくれる顧客と直に接する機会がない。顧客を「データ」としてしか見ることはないのである。

確かに数千万人の顧客ともなると、顧客の購買行動が数字となって把握でき、大半の判断は可能だ。ただ、前述したFundamental（ファンダメンタル）と呼ばれる、品揃え、低価格、利便性を、疑問も持たず黙々と改善していくだけになってしまっている部分もある。

また、メカニズム化の推進によってビジネス展開の規模はますます拡大しスピードを速めているが、組織がついて行けないという課題がある。極端なことを言うと、一度、メカニズムが確立したサービスは、人がいなくても回ってしまうところもあるが、検証が遅れ、問題を抱えたまま肥大化していくことが懸念される。

メーカーなどとの関係も、自動化が進みコミュニケーション不足になったり、以前、量販店がメーカーから信頼を失ったのと同じようにメーカーへの要求が厳しすぎるため信頼を失い、結果、商品調達力に陰りがでることも考えられる。

採用する人数を増やしても、アマゾンの企業理念やリーダーシップ・プリンシプルを理解して、業務を統括、推進するリーダーを育てるには時間がかかる。また、採用して育てても、機能別となった仕事や、仕組みのチューニング、チェックをしていくことに面白みを感じられずに辞めてしまう人もいる。

アマゾンは世間から注目をされている企業で、華やかなイメージだし待遇もいい。大半のアマゾニアンはプライドを持って働いているが、組織が大きくなりすぎたことの反作用として、優秀な社員が離れていく可能性もある。つまり、組織が巨大化して役割分担の縦割り化が進み、生半可な「Ownership（会社全体を考えて行動する）」では切り抜けられなくなってきているのだ。

一方、その世間からの注目が必要以上にアマゾニアンのプライドを煽り、アマゾンが全て、アマゾンのやり方だけが正しいと周りが見えなくなってしまっていることもある。

「リーダーシップ・プリンシプル」への信仰が進み、アマゾンのユニークさや強みになってはいるが、それが他を寄せ付けない、排他的な組織になってしまう恐れもある。

また、機能別の組織が増えることで会議体の数が増え、ステークホルダーが増えて決断スピードが鈍化し、会議に追われてじっくりと自分の作業に打ち込む時間が取れないといった問題も出てきている。実際に一つの承認を取るのに、いくつかの事前のプロセスでの承認を取らなければならず、日系企業の承認印文化とあまり変わらなくなっている。

社員数が急増することで、経営に関わるリーダー層と各業務担当者レベルの社員とのコミュニケーション機会が減って、危機感や思いが伝わりにくくなったことも、私自身実感していた。

また、システム全体が巨大化かつ複雑化することで、新たな機能を加えるための開発に以前よりも長い時間がかかるようになったことも感じていた。

売上高2兆円を超え、前年比の成長率が鈍化する日本市場の課題

「Ｄａｙ２」の危険性を理解しているアマゾンだが、さらに成長を続けるためには、内部構造にもさらなるイノベーションが必要なのかもしれない。

顧客の立場からすると、確かに商品数は多いが、信用に乏《とぼ》しい明らかにサクラによるレビューが増えていること、模倣品が増えていること、シングルディテールページのはずが同一商品のカタログが別々に存在している、ビジネス拡大により配送スピードが遅くなっているなどの綻びも垣間見える。対策は打っているものの、猛烈なスピードで走りながら対策をしているため効果には限度がある。

こうした綻びへの対策だけではなく、アマゾンでの仕事は常にジェットコースターに乗って、あるいはいくつもの山を登ったり降りたりしているようなものだ。さらに、同時並行で修理や新しいコースを計画、建設しているため、社員には大変な負荷がかかっている。

米国での成功に比べ、日本でのアマゾンはまだそれほどの成功を手にしていない。

米国では２０２１年度は売上高が28兆円を超えても依然として対前年比＋18％と高い成長率を記録し続けている。一方で、日本市場では全小売市場に対するＥコマースの比率が小さいにもかかわらず、売上高１兆円を超えたあたりで前年比の成長率が鈍化し、２０２１年度は売上が２・５兆円で＋16％だった。

米国では地方都市や郊外にも人口が分散しており、買い物の利便性が低い顧客が多い。でも、日本では都市部に人口が集中しており、町にはスーパーマーケットやコンビニエンスストアが多くあり、日常的な買い物に不便を感じている顧客層がアメリカに比べて圧倒的に少ないという事情もあるだろう。今後、このような市場環境の中、アマゾンのイノベーションをベースとした継続した利便性向上により、顧客の購買行動が米国のように変わっていくのだろうか？

世界共通のサービスがアマゾンの信条だが、日本市場でさらに成長するためには、日本独自の画期的なイノベーションが不可欠だ。

エピローグ

私がアマゾンジャパンに在籍した10年間は、アマゾンが世界的企業へと躍進を遂げていく10年間でもあった。日本でも、顧客中心主義戦略で低価格と効率化を徹底したアマゾンは、日本の消費者の生活に利便性をもたらし生活スタイルをも変化させてきた。

一方、既存のプレイヤーを含む抵抗勢力からは、その徹底的な戦略に対して感情的な批判をぶつけられることも多かった。しかし、ますますグローバル化が進む世界で、精神論は通用しない。なぜなら、世界のスタンダードはプラットフォーム化が加速し、従来の日本の「普通」は残念ながら陳腐化しているからだ。

素晴らしい技術力をもっていてもそれを世界のスタンダードとしてスケールさせることができずガラパゴス化してしまうのはなぜか？　それは、本書の内容から推断できるのではないだろうか。

アマゾンが躍進する一方で、日本企業の多くは平成の30年間で成長が止まってしまったといわれる。ちょっと古臭いが大和魂をもつ日本人として、非常に残念に思う。

それでも、海外からのビジターの「日本のおもてなしに感謝している」「日本の安全性や利便性は素晴らしい」という賞賛の声が強調されている。また、多くのメディアでも「海外からの旅行者が日本の文化や技術、商品などに感銘を受ける」「日本はこんなに素晴らしい国だ」とあたかも世界中の全ての人から思われているように自画自賛するテレビ番組や情報が溢れている。

素晴らしい文化に自信を持つこと、これを否定するつもりもない。確かに素晴らしい。でも、この極端な自画自賛が「井の中の蛙《かわず》」、「世間（この場合は世界）知らず」で、「日本は素晴らしいからこのままでいいや」という雰囲気をさらに醸成してしまっている。

私は、１９８９年から、海外で20年間在住し、日本に帰国後も10年間外資系企業に身を置き、この合計30年の間、世界における日本のプレゼンスが低下しているのを肌身で感じ、体験してきている。危機感を煽《あお》りすぎるのも縮こまってしまうので良くないが、この状況で、必要以上に国民の自尊心、自負心を煽る雰囲気は非常に残念に思う。

ミレニアル、Z世代と呼ばれる若い世代と議論することがあるが、デジタルでの圧倒的な情報収集力と発信力を持ち、起業家精神が旺盛で、固定観念に縛られずに自分らしさを表現できる素晴らしい若者が多いと感じる。一方、ＩＴ革命で遅れをとり、人口縮小が見込まれる日本が再浮上するためにはグローバル市場で戦える人材ももっと必要だ。

私が米国大学に在籍していた80年代は留学生における日本人学生数が第1位だった。現在は人口が多く所得が上がっている中国、インドが上位を占めるのは仕方がないが、人口の少ない韓国、ベトナムの学生数よりも少なく第9位である。知識習得に加え、世界中から学生を集める米国大学の卒業後のネットワークはその後のビジネスにも繋がる。さらに、ビジネス共通語は不公平にも英語であるが、それをアカデミックレベルで習得することにより英語での論破力、交渉力、ドライブ力などをつけることができる。

経済記事などでよく引き合いに出されていることだが、1989年には世界の企業時価総額のトップ20に14社もの日本企業がランクインしていたのに、2022年1月末時点のランキングではトヨタ自動車がようやく34位。トップ50にそれ以外の日本企業の名前はない。日本的な精神論や方法が世界に通用しなくなっていると断じていいだろう。

ちなみに、1位はアップル、2位がマイクロソフト、3位がサウジアラムコ、4位がアルファベット（グーグル）、5位がアマゾンで、3位以外はプラットフォームを作り上げ、それを強みとしている。GAFA（あるいはGAFA+M）の勢いはまさに今、世界を席巻し、最近はこの5社が株価変動によって順位を入れ替えながら鎬《しのぎ》を削っているのが現実だ。

1989年から20年近く海外6カ国で仕事をしていた頃、特に90年代は、バブルがはじけたと言っても日本の企業に勢いがあった。海外で営業をしていても「Made in Japan」

が高品質の代名詞となり、海外の顧客はその品質を求めていた。私も鼻高々であった。

しかし、その姿勢が間違いだったのだ。日本企業が変革のチャンスを失ったのはバブル以前の製造業を中心とした成功体験に縛られ変革が遅れたことと、新たなテクノロジーが内向きなガラパゴスになってしまったことも原因だ。

日本の製品の品質が悪化したわけではないが、中国などの急速な技術革新で時には品質だけではなく斬新なアイデアにより後塵《こうじん》を拝することもある。また、世界を席巻《せっけん》するような製品、サービスなど、特にデファクトスタンダード（公的な機関によって標準として認定されていないものの、使いやすさなどにより市場で評価されて事実上、その業界で標準となったもの）化、プラットフォーム化への技術的開発、マーケティング及び販売戦略が遅れた。

日本企業の停滞というと、国そのものの政策や勢いに原因を求めがちだが、企業のビジネスは言うまでもなく「個人」によるアイデアと具現化の積み重ね。会社を支え、社会を構成する個人、一人一人にまだ改善、成長できる余地があり、それが足りていないことが停滞の根本的原因なのではないだろうか。

さらに経営者や管理職の意識が、世界に通用しなくなった日本的な「普通」＝常識に縛られていることが、日本企業からかつての隆盛《りゅうせい》を奪い取った深刻な病巣だといえる。本来なら、経営者が強いリーダーシップを振るい、Innovativeなアイデアがどんどん出てくる、それを具現化する仕組みを持っている、そこで力を発揮したいという優秀な人が世界中から集まってくる、そんな強い企業文化を作り上げていかなければならない。

今後はますます革新的な新規ビジネスをグローバルを意識して立ち上げ続けていかないとＧＡＦＡ＋Ｍなどが提供する世界的プラットフォームのユーザーに留まり、富は外に吸い上げられてしまうのだ。

国交省による建設工事統計の水増し改ざんの例もあり、日本の国内総生産（ＧＤＰ）は１００％信用できないとしても、２０１０年に中国に追い抜かれても未だ世界第3位である。しかし国民はその豊かさを享受できていない。原因の一つは過去30年あまりのＧＤＰの低成長率で、２０５０年には世界第8位まで落ちると予測するアナリストもいる。

二つ目は国民の平均的な豊かさを示す指標である国民一人当たりのＧＤＰが24位で４５０万円程度と低いことだ。1位のルクセンブルグは人口わずか63万人だが、約3倍の１３００万円程度にもなる。Amazon欧州の本社があるように低税率施策により外資誘致に成功している。もちろん、多くの労働者はドイツなどの隣国から通っている分母の人数に含まれない外国人であるため、実際は3倍の差はないが日本より国民が豊かと感じているはずだ。ＧＤＰは人口の大小が支える部分が大きいが、一人当たりのＧＤＰを上げて、社会福祉をさらに充実させ豊かさを享受できる国に変革していなかければならない。そのためにも日本企業が世界市場で台頭し、そこに関わる従業員が富を享受し、経済サイクルを力強く回していくことが必要だ。

本書では私自身が仕事をする中で感じ取り、自らの栄養にしてきたアマゾンの「基準」を列記してきた。世界のトップ企業に成長したアマゾンの「基準」の中にこそ、この停滞の中で疲れ果てた私たち日本が学ぶべき点が数多く秘められている。

さまざまな側面からアマゾンの「基準」を語ってきたが、最後に、私が特に強調しておきたい「ヒント」を抜き出して挙げておく。

・シンプルで普遍的なビジネスモデルとメカニズム

事業の根幹となるビジネスモデルがシンプルで普遍的だからこそ、長い時間のスパンで全社員の力を結集させ続けることができる。そして、自動化のメカニズムの構築で長期的にビジネスをスケールさせる。

・顧客中心主義とイノベーション

常に顧客目線でサービスを構築し、イノベーションに投資を惜しまず革新性を提供し続ける。顧客の満足度向上が企業の成長に繋がるという信念を持ち妥協しない。

・強烈な企業文化の醸成とガバナンスの徹底

社員を引きつけ、革新的なアイデアが溢れてくるような、そして危機感を持ってチャレンジし続ける企業文化をリーダーが自ら率先して醸成する。あらゆる場面で社員の指針となる力強い規範を作り、それを洗脳するように植え付ける。明確なヒエラルキーとガバナンスの徹底で無駄を排除し、ビジネスを細部までコントロールすることに怯《ひる》まない。

・データは真実を語る

定性的な情報も重要視しつつ、定量的な数、データで現状を理解し、そして判断する。判断する経験則が不足している場合は深堀りして細部まで把握する。

いずれも、心あるビジネスマンであれば「そんなこと、言われなくてもわかっているよ」と感じることばかりかと思う。でも、もう一度冷静に問いかけたい。「わかってはいても、実践できていますか？」と。

2000年にアマゾンが日本に参入し、オンラインのみで販売を開始した時に、多くの小売店（百貨店、スーパーマーケット、量販店など）がオンライン化を加速させるなどの行動を起こさなかった。いくらでもチャンスはあったのに。数年経っても、まだなお腰を上げる会社は少なかった。

そして現在、圧倒的な差がついてしまっている。普通と異なるものが入ってきた時に、ただ批判するのではなく、それを徹底的に分析し、自分たちの普通も変化させていかなければならないのに、それができなかった結果である。

また、アマゾンに対して「低価格競争で競合を潰して利益を独占しようとしている」といった批判をよく目にする。批判している人たちも日々の暮らしの中では、より低価格な商品やサービスを選んでいるのではなかろうか。かつての日本にも、欧米で発明された商品をより低価格で高品質にすることで成長してきた歴史がある。より低価格で高品質な商品やサービスを提供する者が顧客から信頼を得るのは必然であり、世界中で暮らす人々にとっての正義なのである。

もちろん、世の中には価格に左右されないブランド価値を貫くビジネス戦略もある。とはいえ、それもまた、ブランドを支持する顧客の期待に応えるシンプルで強靱なビジネスモデルであってこそ成功できる。残念ながら、現在の多くの日本企業による戦略はどちらにしても世界の顧客に支持されるまでには至っていないということだ。

企業は中小企業から大企業まで、製造業からサービス業まで多様だ。本書はあくまでもアマゾンというスケールを追求し、成長を持続するビジネスモデルの成功から抽出したエッセンスを解説している。

全ての企業が規模を拡大し成長を目指しているわけではなく、社会的意義を別に見出している企業もあるだろう。よって、どんな企業にもそのまま当てはまるものではないし、成功のセオリーはこれだけではない。ただ、成長を目指したほうが、また、成長している企業に身を置くほうがワクワクするのではないだろうか。先にまとめた四つのヒントは規模や業界は関係ない。共感いただけるのであればぜひ試していただきたい。

私たちの会社を継続し成長させるには、医師が患者の病状や個性に合わせて治療法や薬の処方をアレンジするように、企業活動を支える一人一人が、自らの仕事と自らの会社に合わせた処方箋をまとめ、実践することが必要だ。簡単なことではないだろう。でも、誰かがどこかで一歩を踏み出さない限り、何も始まらない。

私がアマゾンを辞してコンサルティング会社を設立したのは、10年間、急成長するアマゾンジャパンでのビジネスを第一線で経験し、経営幹部であるリーダーシップチームの一員ともなり、その体験から知り得た考え方や方法論が、閉塞感が立ちこめた日本社会や日本の企業のカンフル剤として微力ながらも役立てることができるのではないかと願ったからである。そして、次の一歩が本書の出版である。

本書が誰かのヒントとなり、壮大な復活の物語が始まることを願っている。

あとがき

本書に書かれている経験や知識は、ほとんどがアマゾンで勤務した２００８年から２０１８年までの10年間で得たものです。

当初は3年ぐらいでまた転職かなと考えていたにもかかわらず、これだけの長期間在籍したのは、アマゾンという会社のビジネスモデル、成長性、企業文化に魅力を感じたからです。さらに、その間、ハードライン事業本部、セラーサービス事業本部、アマゾンビジネス事業本部という毛色の異なる三つの事業本部を統括できたことも大きな理由です。

そのような環境を与えてくれたアマゾンには本当に心から感謝するばかりです。

10年の間に4名の上司にレポートしました。入社時、ホーム&キッチン事業部時代の戸田奨氏、ハードライン事業本部時代のジャスパー・チャン氏、セラーサービス事業本部時代のEric Broussard氏、アマゾンビジネス事業本部時代のSteve Frazier氏には感謝いたします。

特にハードライン事業本部の統括をしていた4年間はアマゾンジャパンの社長であるジ

ヤスパー・チャン氏の直属として苦楽をともにさせていただきましたし、また、私のリーダーとしての成長においてアドバイスをいただき大変お世話になりました。本当にありがとうございました。また、ジェフ・ハヤシダ社長にもご指南いただきました。心より感謝いたします。

また、三つの事業本部でまだまだ人間としてリーダーとして至らない私を支えてくれた数多くのチームメンバーにも感謝しています。その中でも、ハードライン事業本部時代に私の直属であった通称「四木会」の6名のリーダー達とは厳しいビジネス環境の中、同じ釜の飯を食べた戦友として心から感謝し、また尊敬の意を表します。

在籍中には商品のサプライヤー、パートナー企業、販売事業者の方々にもアマゾンジャパンがまだ規模が小さい時から信用、協力をいただき、誠にありがとうございました。

退職した際に本を出版したいと思い書き進めていた20枚程度の原稿をベースに、快く扶桑社をご紹介いただいた須賀勝彌さんがいなければ出版はできなかったかもしれません。心から感謝いたします。

そして、出版するとご決断いただいた株式会社扶桑社の執行役員の小川亜矢子さん、特に2019年5月の打ち合わせから出版まで5カ月もの間、初めての出版でわからないことが多い私に辛抱強くご指導いただいた株式会社扶桑社　第三編集局　書籍第1編集部編集長の山口洋子さん、そして三軒茶屋ファクトリーの寄本好則さん、本当にありがとうございました。

結びに、たくさんの良いご縁と機会に恵まれましたことに心から感謝申し上げます。本書がお読みいただいた皆さまのこれからのビジネスにおいて、小さなご縁、機会となることを切に願っております。

リーダーシップ・プリンシプル　原文

Leadership Principles

We use our Leadership Principles every day, whether we're discussing ideas for new projects or deciding on the best approach to solving a problem. It is just one of the things that makes Amazon peculiar.

Customer Obsession
Leaders start with the customer and work backwards. They work vigorously to earn and keep customer trust. Although leaders pay attention to competitors, they obsess over customers.

Ownership
Leaders are owners. They think long term and don't sacrifice long-term value for short-term results. They act on behalf of the entire company, beyond just their own team. They never say "that's not my job."

Invent and Simplify
Leaders expect and require innovation and invention from their teams and always find ways to simplify. They are externally aware, look for new ideas from everywhere, and are not limited by "not invented here." Because we do new things, we accept that we may be misunderstood for long periods of time.

Are Right, A Lot
Leaders are right a lot. They have strong judgement and good instincts. They seek diverse perspectives and work to disconfirm their beliefs.

Learn and Be Curious
Leaders are never done learning and always seek to improve themselves. They are curious about new possibilities and act to explore them.

Hire and Develop the Best
Leaders raise the performance bar with every hire and promotion. They recognise people with exceptional talent and willingly move them throughout the

organisation. Leaders develop leaders and are serious about their role in coaching others. We work on behalf of our people to invent mechanisms for development like Career Choice.

Insist on the Highest Standards
Leaders have relentlessly high standards — many people may think these standards are unreasonably high. Leaders are continually raising the bar and driving their teams to deliver high quality products, services, and processes. Leaders ensure that defects do not get sent down the line and that problems are fixed so they stay fixed.

Think Big
Thinking small is a self-fulfilling prophecy. Leaders create and communicate a bold direction that inspires results. They think differently and look around corners for ways to serve customers.

Bias for Action
Speed matters in business. Many decisions and actions are reversible and do not need extensive study. We value calculated risk taking.

Frugality
Accomplish more with less. Constraints breed resourcefulness, self-sufficiency and invention. There are no extra points for growing headcount, budget size, or fixed expense.

Earn Trust
Leaders listen attentively, speak candidly, and treat others respectfully. They are vocally self-critical, even when doing so is awkward or embarrassing. Leaders do not believe their or their team's body odour smells of perfume. They benchmark themselves and their teams against the best.

Dive Deep
Leaders operate at all levels, stay connected to the details, audit frequently, and are sceptical when metrics and anecdote differ. No task is beneath them.

Have Backbone; Disagree and Commit

Leaders are obligated to respectfully challenge decisions when they disagree, even when doing so is uncomfortable or exhausting. Leaders have conviction and are tenacious. They do not compromise for the sake of social cohesion. Once a decision is determined, they commit wholly.

Deliver Results

Leaders focus on the key inputs for their business and deliver them with the right quality and in a timely fashion. Despite setbacks, they rise to the occasion and never compromise.

Strive to be Earth's Best Employer

Leaders work every day to create a safer, more productive, higher performing, more diverse, and more just work environment. They lead with empathy, have fun at work, and make it easy for others to have fun. Leaders ask themselves: Are my fellow employees growing? Are they empowered? Are they ready for what's next? Leaders have a vision for and commitment to their employees' personal success, whether that be at Amazon or elsewhere.

Success and Scale Bring Broad Responsibility

We started in a garage, but we're not there anymore. We are big, we impact the world, and we are far from perfect. We must be humble and thoughtful about even the secondary effects of our actions. Our local communities, planet, and future generations need us to be better every day. We must begin each day with a determination to make better, do better, and be better for our customers, our employees, our partners, and the world at large. And we must end every day knowing we can do even more tomorrow. Leaders create more than they consume and always leave things better than how they found them.

〈ジェフ・ベゾスの1997年　株主向けレター全文〉

To our shareholders:

Amazon.com passed many milestones in 1997: by year-end, we had served more than 1.5 million customers, yielding 838% revenue growth to $147.8 million, and extended our market leadership despite aggressive competitive entry.

But this is Day 1 for the Internet and, if we execute well, for Amazon.com. Today, online commerce saves customers money and precious time. Tomorrow, through personalization, online commerce will accelerate the very process of discovery. Amazon.com uses the Internet to create real value for its customers and, by doing so, hopes to create an enduring franchise, even in established and large markets.

We have a window of opportunity as larger players marshal the resources to pursue the online opportunity and as customers, new to purchasing online, are receptive to forming new relationships. The competitive landscape has continued to evolve at a fast pace. Many large players have moved online with credible offerings and have devoted substantial energy and resources to building awareness, traffic, and sales. Our goal is to move quickly to solidify and extend our current position while we begin to pursue the online commerce opportunities in other areas. We see substantial opportunity in the large markets we are targeting. This strategy is not without risk: it requires serious investment and crisp execution against established franchise leaders.

It's All About the Long Term

We believe that a fundamental measure of our success will be the shareholder value we create over the long term. This value will be a direct result of our ability to extend and solidify our current market leadership position. The stronger our market leadership, the more powerful our economic model. Market leadership can translate directly to higher revenue, higher profitability, greater capital velocity, and correspondingly stronger returns on invested capital.

Our decisions have consistently reflected this focus. We first measure ourselves in terms of the metrics most indicative of our market leadership:

customer and revenue growth, the degree to which our customers continue to purchase from us on a repeat basis, and the strength of our brand. We have invested and will continue to invest aggressively to expand and leverage our customer base, brand, and infrastructure as we move to establish an enduring franchise.

Because of our emphasis on the long term, we may make decisions and weigh tradeoffs differently than some companies. Accordingly, we want to share with you our fundamental management and decision-making approach so that you, our shareholders, may confirm that it is consistent with your investment philosophy:

We will continue to focus relentlessly on our customers.

- We will continue to make investment decisions in light of long-term market leadership considerations rather than short-term profitability considerations or short-term Wall Street reactions.
- We will continue to measure our programs and the effectiveness of our investments analytically, to jettison those that do not provide acceptable returns, and to step up our investment in those that work best. We will continue to learn from both our successes and our failures.
- We will make bold rather than timid investment decisions where we see a sufficient probability of gaining market leadership advantages. Some of these investments will pay off, others will not, and we will have learned another valuable lesson in either case.
- When forced to choose between optimizing the appearance of our GAAP accounting and maximizing the present value of future cash flows, we'll take the cash flows.
- We will share our strategic thought processes with you when we make bold choices (to the extent competitive pressures allow), so that you may evaluate for yourselves whether we are making rational long-term leadership investments.
- We will work hard to spend wisely and maintain our lean culture. We understand the importance of continually reinforcing a cost-conscious culture, particularly in a business incurring net losses.
- We will balance our focus on growth with emphasis on long-term

profitability and capital management. At this stage, we choose to prioritize growth because we believe that scale is central to achieving the potential of our business model.

- We will continue to focus on hiring and retaining versatile and talented employees, and continue to weight their compensation to stock options rather than cash. We know our success will be largely affected by our ability to attract and retain a motivated employee base, each of whom must think like, and therefore must actually be, an owner.

We aren't so bold as to claim that the above is the "right" investment philosophy, but it's ours, and we would be remiss if we weren't clear in the approach we have taken and will continue to take.

With this foundation, we would like to turn to a review of our business focus, our progress in 1997, and our outlook for the future.

Obsess Over Customers

From the beginning, our focus has been on offering our customers compelling value. We realized that the Web was, and still is, the World Wide Wait. Therefore, we set out to offer customers something they simply could not get any other way, and began serving them with books. We brought them much more selection than was possible in a physical store (our store would now occupy 6 football fields), and presented it in a useful, easy-to- search, and easy-to-browse format in a store open 365 days a year, 24 hours a day. We maintained a dogged focus on improving the shopping experience, and in 1997 substantially enhanced our store. We now offer customers gift certificates, 1-Click(SM) shopping, and vastly more reviews, content, browsing options, and recommendation features. We dramatically lowered prices, further increasing customer value. Word of mouth remains the most powerful customer acquisition tool we have, and we are grateful for the trust our customers have placed in us. Repeat purchases and word of mouth have combined to make Amazon.com the market leader in online bookselling.

By many measures, Amazon.com came a long way in 1997:

- Sales grew from $15.7 million in 1996 to $147.8 million -- an 838% increase.

- Cumulative customer accounts grew from 180,000 to 1,510,000 -- a 738% increase.
- The percentage of orders from repeat customers grew from over 46% in the fourth quarter of 1996 to over 58% in the same period in 1997.
- In terms of audience reach, per Media Metrix, our Web site went from a rank of 90th to within the top 20.
- We established long-term relationships with many important strategic partners, including America Online, Yahoo!, Excite, Netscape, GeoCities, AltaVista, @Home, and Prodigy.

Infrastructure

During 1997, we worked hard to expand our business infrastructure to support these greatly increased traffic, sales, and service levels:

- Amazon.com's employee base grew from 158 to 614, and we significantly strengthened our management team.
- Distribution center capacity grew from 50,000 to 285,000 square feet, including a 70% expansion of our Seattle facilities and the launch of our second distribution center in Delaware in November.
- Inventories rose to over 200,000 titles at year-end, enabling us to improve availability for our customers.
- Our cash and investment balances at year-end were $125 million, thanks to our initial public offering in May 1997 and our $75 million loan, affording us substantial strategic flexibility.

Our Employees

The past year's success is the product of a talented, smart, hard-working group, and I take great pride in being a part of this team. Setting the bar high in our approach to hiring has been, and will continue to be, the single most important element of Amazon.com's success.

It's not easy to work here (when I interview people I tell them, “You can work long, hard, or smart, but at Amazon.com you can't choose two out of three”), but we are working to build something important, something that matters to our customers, something that we can all tell our grandchildren about. Such things aren't meant to be easy. We are incredibly fortunate to have this group of dedicated employees whose sacrifices and passion build Amazon.com.

Goals for 1998

We are still in the early stages of learning how to bring new value to our customers through Internet commerce and merchandising. Our goal remains to continue to solidify and extend our brand and customer base. This requires sustained investment in systems and infrastructure to support outstanding customer convenience, selection, and service while we grow. We are planning to add music to our product offering, and over time we believe that other products may be prudent investments. We also believe there are significant opportunities to better serve our customers overseas, such as reducing delivery times and better tailoring the customer experience. To be certain, a big part of the challenge for us will lie not in finding new ways to expand our business, but in prioritizing our investments.

We now know vastly more about online commerce than when Amazon.com was founded, but we still have so much to learn. Though we are optimistic, we must remain vigilant and maintain a sense of urgency. The challenges and hurdles we will face to make our long-term vision for Amazon.com a reality are several: aggressive, capable, well-funded competition; considerable growth challenges and execution risk; the risks of product and geographic expansion; and the need for large continuing investments to meet an expanding market opportunity. However, as we've long said, online bookselling, and online commerce in general, should prove to be a very large market, and it's likely that a number of companies will see significant benefit. We feel good about what we've done, and even more excited about what we want to do.

1997 was indeed an incredible year. We at Amazon.com are grateful to our customers for their business and trust, to each other for our hard work, and to our shareholders for their support and encouragement.

/s/ JEFFREY P. BEZOS

Jeffrey P. Bezos

Founder and Chief Executive Officer

Amazon.com, Inc.

参考文献

1 2009年度amazon.com決算報告書
2 2018年9月27日　日流ウェブ - アマゾンジャパン／ 社員2000人の多様性に対応／東京・目黒の新オフィス公開
3 2018年度amazon.com決算報告書
4 amazon.co.jpウェブサイト
5 2020年度amazon.com決算報告書
6 2020年度amazon.com決算報告書
7 amazon出品サービス料金プラン
8 AMAZON.COM, INC. PROXY STATEMENT ANNUAL MEETING OF SHAREHOLDERS To Be Held on Wednesday, May 22, 2019
9 2018年度amazon.com決算報告書
10 emarker.com（Top 10 US Companies, Ranked By Retail Ecommerce Sales Share,2020）
11 amazon.comウェブサイト
12 2018年1月30日　Sankei Biz ヤマト、アマゾンと値上げ合意業績を上方修正
13 2017年amazon.com letter to shareholders
14 2018年amazon.com letter to shareholders
15 2020年度amazon.com決算報告書
16 2019年1月18日　Statista - Amazon Passes 100 Million Prime Members in the U.S.
17 2022年3月1日　Nielsen Digital - Nielsen Digital Content Ratings
18 2019年3月21日　Statista Frequency with Amazon shoppers in the United States purchase from Amazon as of February 2019, by marketing status
19 2018年度amazon.com決算報告書
20 2018年4月18日　日本経済新聞 アマゾン、中国向けネット通販事業撤退へ
21 2014年度amazon.com決算報告書
22 2016年3月24日　日本経済新聞　アマゾンジャパン、「合同会社」に移行。意思決定素早く
23 2020年2月10日　ネットショップ担当者フォーラム アマゾン日本事業の売上高は約2.5兆【Amazonの2021年実績まとめ】
24 2018年6月20日　アマゾンジャパン　中小企業インパクトレポート
25 2021年7月　経済産業省　商務情報政策局　情報経済課　令和2年度　電子商取引に関する市場調査
26 2019年9月17日　ITメディアニュース　「Prime Now」エリア縮小　都内10区だけに

27 2021年10月5日　Amazon ECサミット
28 2013年10月1日　産経ニュース - 要求高くて対価は低い　佐川がアマゾンとの取引撤退宅配業界大揺れ
29 Amazon Vender Central　http://vendorcentral.amazon.co.jp
30 amazon.co.jpウェブサイト「販売分析レポートプレミアム」のご案内
31 Amazon出品サービス料金プラン
32 本書27ページ　決算報告書から「グローバル、セグメントごとの売上額、成長率、経費率&利益率」推移表
33 AmazonブログDayone - 新たな挑戦を続けて伝統を受け継ぐ老舗酒蔵が続けてきた商品開発と働き方改革　https://blog.aboutamazon.jp/as_79_nishiyamasyuzojyo
34 2014年4月20日 アマゾンジャパンプレスリリース - Amazon.co.jp、法人の販売事業者向けに新しい融資サービス「Amazon レンディング」の提供開始 ～法人の販売事業者の更なるビジネス拡大を支援する短期運転資金型ローンを案内
35 2016年6月2日　流通ウェブ　アマゾン／出品者への注文が約半数に／セラーカンファレンスに500人参集
36 2013年10月1日　産経ニュース - 要求高くて対価は低い　佐川がアマゾンとの取引撤退宅配業界大揺れ
37 2018年1月30日　Sankei Biz - ヤマト、アマゾンと値上げ合意　業績を上方修正
38 Amazon Flex　https://flex.amazon.co.jp
39 2021年12月17日　国土交通省 - 宅配便再配達率が12%となり微増
40 2019年9月18日　日本経済新聞　アマゾン、商品受け取り場所に宅配ロッカーやカフェ
41 2019年3月21日　Statista Frequency with Amazon shoppers in the United States purchase from Amazon as of February 2019, by membership status
42 楽天ウェブサイト　http://logistics.rakuten.co.jp Rakuten Super Logistics
43 楽天ウェブサイト　http://logistics.rakuten.co.jp Rakuten Super Logistics
44 楽天市場　出店案内サイト
45 2019年4月1日　公正取引委員会　アマゾンジャパン合同会社によるポイントサービス利用規約の変更への対応について
46 2021年8月6日　インプレス総合研究所～電子書籍ビジネス調査報告書2021
47 2017年2月18日　Business Journal 楽天、アマゾンに完敗し海外事業撤退の嵐…「ガラパゴス化」加速、巨額損失の悪夢
48 2018年5月22日　日本経済新聞 - アマゾン、国内で1000人新規採用　オフィスも拡張事業拡大に対応
49 2020年度amazon.com決算報告書
50 2018年5月22日　日本経済新聞 - アマゾン、国内で1000人新規採用　オフィスも拡張事業拡大に対応
51 2018年10月2日　PerformYard How Does Amazon Do Performance Management

52 2020年度amazon.com決算報告書
53 アマゾン会社概要 https://www.amazon.co.jp/b?ie=UTF8&node=4967767051
54 2018年11月16日　Business Insider - I predict one day Amazon will fail. Amazon　will go bankrupt': Jeff Bezos makes surprise admission about Amazon's life span
55 2015年3月15日　THE AMAZON WAY Amazon's Innovation Secret – The Future Press Release
56 2018年4月3日 Entrepreneur Asia Pacific - Leadership Lessons From Amazon's Massive Success
57 Medium.com　Using 6 page and 2 page Documents to Make organizational Decisions
58 Amazon Brand Registry - https://brandservices.amazon.co.jp
59 2017年6月1日　公正取引委員会 - アマゾンジャパン合同会社に対する独占禁止法違反被疑事件の処理について
60 2018年11月16日　Business Insider - I predict one day Amazon will fail. Amazon will go bankrupt': Jeff Bezos makes surprise admission about Amazon's life span
61 2019年9月23日　日本経済新聞　米小売店、3年で1万店減　アマゾン・エフェクト猛威
62 2009年7月5日　朝日新聞　アマゾンに140億円追徴 国税局「日本にも本社機能」
63 2018年8月20日　朝日新聞　IT外資の法人税に苦戦　アマゾン日本法人は11億円
64 2018年12月14日　日本経済新聞　アマゾンとメルカリ、経団連に加盟

星　健一（ほしけんいち）

1967年横浜生まれ。1989年に縫製機器、産業装置メーカーであるJUKI株式会社に入社し、2005年まで旧ソ連から始まり、インド、シンガポール、フランス、ルーマニアと一貫して海外でキャリアを磨く。フランス、ルーマニアではそれぞれ現地法人の社長を務め、企業再生の失敗も経験。2005年に金型標準部品などの商社である株式会社ミスミに入社し、タイ法人の社長を務める。
2008年にアマゾンジャパンに入社。1年半後、ディレクター、リーダーシップチームメンバーに昇進後は、ハードライン事業本部、セラーサービス事業本部、アマゾンビジネス事業本部の事業本部長を歴任し、創成期から成長期の経営層として活躍。2018年、アマゾン退社後は、kenhoshi & Companyを設立しその経験を基に日本の会社に貢献すべく、セミナー、コンサルティングを手掛ける。2020年、オイシックス・ラ・大地株式会社のCOO執行役員、株式会社Popsicleの社外取締役に就任、2022年4月現在は、自社の代表に加えて、株式会社メドレー、AI inside株式会社の社外取締役、Social Good Foundation株式会社の顧問を勤める。

本書は２０１９年11月に刊行された『ａｍａｚｏｎの絶対思考』に加筆・修正を加え新書化しました。

扶桑社新書 432

amazonが 成長し続けるための 「破壊的思考」

発行日 2022年5月1日　初版第1刷発行

著　　者………星 健一
発 行 者………久保田 榮一
発 行 所………株式会社 扶桑社
〒105-8070
東京都港区芝浦1-1-1 浜松町ビルディング
電話 03-6368-8870(編集)
03-6368-8891(郵便室)
www.fusosha.co.jp

DTP制作………Office SASAI
印刷・製本………株式会社 広済堂ネクスト

Printed in Japan　ISBN 978-4-594-09166-8